U0137269

我的成長我做主

40個細節，提高孩子的財富智商

性格的養成是一個循序漸進的過程，
不能揠苗助長、一蹴而就，
養成性格的過程，
其實就是一個接一個定格在孩子記憶中的畫面組成的。

周增文 著

前言

教育的最終目的是什麼?

有人說，孩子將來的那一紙文憑，最少能讓他們擁有在社會上立足的資本，不會赤手空拳地面對競爭越來越激烈的未來生活；

有人說，孩子良好的修養、優雅的舉止，是整個家庭的廣告，即使沒有什麼過人的本事，至少保證他們不要走上歧途；

也有人說，自己一生中有太多的遺憾，夢想總被現實雨打風吹去，現在條件優越了，絕不讓悲劇重複發生在孩子身上，要把他們塑造成自己期望的樣子。

然而，當年輕人懷揣大學畢業證書，蹣跚于求職之路的時候；當媒體時而報導「因嫌紗帽小，致使枷鎖抗」的人性扭曲的時候；當孩子不能成爲家長理想的樣子，家長恨鐵不成鋼的時候；……衡量素質的刻度難道僅僅是生存條件的優越嗎?

望子成龍是每一個家長共同的目標，怎樣把孩子培養成龍卻成了家長頭疼的難題，在科技將生活變得簡單的今天，教育卻變得越來越複雜。家長總被孩了一連串的「不可思議」搞得手足無措，在管也不對、不管也不對的迴圈中焦慮。

其實，只有路自己去走，才能找到自己設定的目標。教育可以在日常生活中的一些「小動作」裏完成，素質也可以在細節中培養。

有時候成敗的關鍵不在環境，而在過程中的細節。本書爲你展示一些教育的「小動作」，或是眼神，或是動作，或是態度，這些常常被家長忽略的細節，是一套塑造孩子成才最精緻的工具，從局部精雕細琢，在智商、財商、逆商、情商、德商、美商等多方面給你的孩子插上翅膀，讓他們在理想的天空裏飛翔！

沒有刻板的理論知識，也沒有長篇大論的說教，只有細微的灌輸過程。授人以魚，只能解一時之饑，授人以漁，才能爲一世之本。素質教育就是交給孩子漁獵的方法，而不是僅僅給他們維持生命的糧食。這些解決本質問題的方法，就潛藏在家長平時的一言一行當中，只不過在此之前，很少有人注意到。

性格的養成是一個循序漸進的過程，不能揠苗助長、一蹴而就，而養成性格的過程，其實就是一個接一個定格在孩子記憶中的畫面組成的。當孩子要大擺生日宴會的時候，也許頭腦中會突然閃現母親儲存硬幣的畫面，從而讓他自覺地將銀行卡從提款機裏抽出；但也可能完全相反，如果被父親打麻將一擲千金的畫面替代，任何苦口婆心的說教都會變得蒼白無力。

本書將教你如何將素質的細節定格在孩子的腦海裏，然後在他們需要指導的時候，左右他們的行爲。

這是發自孩子心底的自動自覺，是教育的精髓。

40個細節
提高孩子的財富智商

目錄

第一章 讓孩子培養財商的10個細節

第二章

讓孩子增加情商的8個細節

第三章

讓孩子鍛煉生存本領的7個細節

第四章 讓孩子歷練心態的7個細節

CONTENTS

第五章 讓孩子感悟生活的8個細節

第一章

讓孩子培養財商的10個細節

Part 1

1.「壓歲錢」是孩子的

「壓歲錢」應該由孩子來支配。

「百十錢穿彩線長，分來再枕自收藏。商量爆竹談簫從，添得嬌兒一夜忙。」這是清朝人吳曼雲寫的一首題為《壓歲錢》的詩，詩中活靈活現地描繪了一位「嬌兒」得了壓歲錢之後的興奮、可愛之態。

過年時節給孩子「壓歲錢」，是中華民族的一種源遠流長的傳統。過去，「壓歲錢」只是長輩們發給孩子們的一種象徵性的禮物，少則數元多則數十元，主要是圖個熱鬧、吉祥。但是近年來，隨著經濟的發展，很多地方特別是城市，「壓歲錢」也水漲船高，有的孩子春節期間從長輩和親戚那裏得到的壓歲錢，達到數千元甚至上萬元。

有些孩子輕而易舉地得到了一筆錢，不知道珍惜，大手大腳地消費「壓歲錢」，買高檔玩具，打通宵遊戲，泡網吧，和哥兒姐兒們上高檔餐館大吃大喝，互相攤闊、攀比。這實在有違大人們向他們發「壓歲錢」的初衷。

面對種種不良現象，有些家長乾脆來個「財產沒收」，讓孩子將「壓歲錢」一律「上交充公」，主宰這筆錢的不是孩子，而是家長了。

但是，「沒收」這種因噎廢食的做法是極不明智的，不僅使「壓歲錢」失去意義，觸發孩子的逆反心理，更重要的是家長失去了一次引導孩子樹立正確的金錢觀念與消費觀念、培養優良品德和自立精神的大好機會。

「壓歲錢」，原則上只有孩子享有這些錢的支配權。至於怎樣去很有意義的花「壓歲錢」，父母只有引導和建議之責，絕無「沒收」、「代管」之權。以下這幾位父母對待孩子壓歲錢的態度值得借鑒。

劉女士的女兒正在讀小學六年級，二〇〇五年春節時收到了一千多元的「壓歲錢」，在劉女士的引導下，女兒主動用部分「壓歲錢」到書城買了很多自己喜歡看的書。看到女兒正確消費，愛書、買書，陳女士心裏就特別高興。花錢買書當然是一件好事。

在小學讀書的古風同學收到幾千元「壓歲錢」後，聽取爸爸提出的建議，父子倆投入相同數量的錢，成立一個「上學基金」，古風很樂意自己上中學的學雜費、書本費等一律從這個基金中開支。

有一對雙胞胎女兒的吳先生在一家金融機構工作。孿生女兒每年都能收到一筆「壓歲錢」，吳先生通俗簡明地向女兒們講了投資的基本原理，在徵得女兒同意後，每年都用兩個孩子的壓歲錢進行投資。他和女兒一起去銀行，投資所開的戶名是孩子的——當然，孩子的年齡已經符合銀行開戶的規定。每年年底時，吳先生都會告訴孩子目前的投資情況，不僅讓孩子分享投資的收益，更分享到投資理財的經驗。

總之，身為父母不能「佔有」和「沒收」孩子們的「壓歲錢」，但也不能過於放任，任由孩子很快地將壓歲錢胡亂揮霍。只要父母正確地予以引導，他們就會主動地將「壓歲錢」花到有意義的地方。

比如說，父母應該引導孩子將壓歲錢花到以下幾個方面。

1．可以引導孩子利用「壓歲錢」交納自己的學費，這是培養孩子的自立精神和家庭責任感的最好途徑。

2．還可以讓他們拿著「壓歲錢」訂購書刊。花在這方面對孩子益處很多，既可以幫助孩子增長知識、開闊眼界，養成愛讀書的好習慣，還可以與小夥伴交換閱讀，促進彼此的情誼。

3．購置學習用品及益智玩具也是不錯的選擇。實用便捷的學習用品，能促使孩子提高學習效率，幫助孩子學好功課；而益智玩具有助於啓迪思維，增長智慧。

4．父母還可以利用「壓歲錢」培養孩子的愛心，讓孩子適當地捐助「希望工程」，爲貧困落後地區的同齡人奉獻愛心，幫助失學少年兒童上學，開展「一幫一」活動等。

5．給長輩或孤寡老人買贈禮物，也是孩子愛心精神的體現。在長輩或孤寡老人生日或一些有意義的節日，讓孩子用「壓歲錢」買點經濟而有意義的禮物，能很好地培養孩子敬老的美德。

家長絕對有必要讓孩子到銀行以自己的姓名開戶，參加儲蓄或購買國庫券，支持國家建設，同時培養孩子理財和節儉計畫開支的良好習慣。

總之，無論如何處置「壓歲錢」，家長只能在一旁提供一些建議，給孩子講清楚道理，至於到底把錢花在哪方面，最後得按照孩子的意願，由他們自己說了算。父母採取命令的方式是不適當的，也是抹殺孩子財商自由發展的一種做法。

教育名言

花起錢來最適宜的態度，就是中庸之道。

2. 讓孩子成為「債務人」

今年上初一的劉華，由於同學生日，想買點禮物，但又不好意直接向父母開口，因爲前兩天媽媽剛給她買了一部《現代漢語詞典》，還有其他學習用品，一共花了三百多元。於是她向爸爸說：「爸，您借我三十元，我以後會積存零用錢還您。」

劉先生聽了既好笑又好氣：「羊毛生在羊身上，你的零用錢還不是我給你的？以後要用錢就直說，不要變著法來詐我！」

劉華聽了很委屈地說：「爸爸，我是認眞向您借錢的！您平時給我零用錢，不是由我支配嗎？那我少吃些零食來還您借給我的錢，行嗎？」劉華自我主張，居然主動向爸爸借錢，看似有些不合情理，細細想來，其實她有著很強的自立意識。劉華的父親大可不必以嘲諷的口氣來回答她，而應該抓住這個契機，向她講解一些理財知識，使她親身體驗借錢還貸的全過程，及早形成正確的個人理財觀念。這對於她成年後的正確消費和經濟獨立意識，會產生深遠的影響。

當今時代，一個孩子從很小就開始面對經濟上的考驗了。

為此，明智的家長會在孩子未成年時，就培養他們良好的理財習慣，在借錢之前，讓他們反復思慮：「為了借到這個東西，我使自己背上還債的負擔，值得嗎？」那麼，孩子長大後就能從容地應對理財，在他們的人生道路上獲得經濟上的獨立。

明智的父母會將孩子變成自己的債務人，給孩子的最高借貸額不會超過兩個月的零用錢。借給孩子的錢數額也不宜太大，少於兩個月的零用錢。如果家長每個月給孩子三十元為零用錢，那麼給他的最高借款額就是六十元。

同時，還款期限應以兩個月為宜。如果把還款時間拉得太長，很可能影響孩子的生活和學習。記住，你的目的是讓孩子養成理財的好習慣。如果他們抱怨時間太短，你一定要有耐心，提醒他們既然簽署了協議，就應該執行。

不允許孩子拖欠或抵賴欠款，也是必要的措施。父母借錢給孩子的一個重要借貸原則，就是讓孩子必須歸還借款，而且在規定的時間內歸還。所以，當你向他們收取欠款時，不要接受任何不還錢的藉口，不應該讓孩子養成拖欠甚至抵賴的壞習慣，否則，他們就不會深刻認識理財是一項嚴肅的事情。如果父母妥協，孩子就學不到關於理財最重要的一課：「千萬不要在沒考慮清楚的時候就去借錢！」

家長應該讓孩子的自主借錢嘗試，成為一次成功的經驗。當孩子第一次按期、如數還掉欠款後，他們會因自己能夠守信用、履行諾言而倍感自豪。當然，為了按期還錢，孩子不得不放棄本想購買的東西，這種感覺會讓他們覺得痛苦。但恰恰因為如此，以後他們再想借錢買一些意義不大的東西時，就會更加謹慎了。這可以說是整個嘗試過程中最大的成功。

反之，如果孩子沒有這種體驗，如果他們的理財觀念不夠成熟，那麼，他們成人之後，很容易用掉信用卡裏的最後一分錢，使自己的生活入不敷出。

因此，如果孩子主動向你借錢，那是值得慶倖的一件事。你應該和他簽訂一份正規的借貸合同，然後把錢借給他。在孩子「負債務」的過程中，他們會體驗到借錢買東西，然後花上幾個月還債的感受，他們會明白債務是一種嚴肅的責任。孩子在中學時代就積累理財的經驗，等他們成人之後，就能負責任地處理較大數額的存款了。

父母也要允許孩子在這個過程中犯錯誤。倘若孩子借錢想買的東西，你覺得無用或很可能上當受騙，也不要過多地干預他的決定。他買了之後會慢慢後悔，這也是促使他增長經驗的有效途徑。如果孩子確實後悔了，教育的目的也達到了，以後他會謹慎行事。

教育名言

善於從小理財的人，將來才能夠經營出偉大的事業，駕馭出精彩的人生。

3. 其實這不是浪費

上初中時，酷愛流行音樂的蕭棣想買一個隨身聽，四五百元的東西，對於工薪階層的父母來說，已是價格不菲的東西了，於是父母提議陪她去購買。但是蕭棣說：「爸、媽，您二老就省省心吧，如果我買回來的隨身聽貨不眞、價不實，你們就扣我兩個月的零用錢吧！」

她打開電腦，先上網搜索了一番，對幾種品牌的隨身聽的型號、功能、價位進行了一番瞭解。星期天的時候，她又到附近的超市和專賣店逛了一圈，回來時還帶了許多品牌和型號的隨身聽的說明材料，和一些商場促銷活動的宣傳單。

經過反復對比，她決定在國慶日期間到附近一家電器商店去買。國慶日那天，蕭棣如願購買到了屬於自己的隨身聽，品牌和型號與媽媽的一位同事的女兒十天前買的一模一樣，但是少花了八十元。這樣一來，她的零用錢不但沒有被扣，反而額外增加了八十元。

現在家長爲孩子做的事情太多，以至於一些孩子上大學之後，才發現自己從來沒進過銀行，也沒有在自己手裏產生過大額的消費。這對孩子來說，是一種缺陷和遺憾。父母總是躭心自己的孩子在購買高昂價格的商品過程中，會上當受騙，會浪費金錢，花了錢卻買不到好東西，許多家長情不自禁地越俎代庖，於是許多孩子變成在理財方面的「白癡」。

如果是買一支鋼珠筆或一個練習本，相信很多家長都會讓孩子獨自去辦理。但是，如果要購買像隨身聽、電視機、電腦之類的「大件商品」，能夠大膽放手，讓孩子獨自選購的家長恐怕不會很多。

現在有很多大學生還不會自己買東西，有些人買電腦，甚至要將父母不遠千里地從家裏叫來，這難道不是家長「包辦購物」所造成的後果嗎？

其實，讓孩子掌握一些購物理財技巧，放手讓他們自己做主選購一些比較貴的商品，可以培養孩子獨立生活的能力，使他們成爲一名聰明的消費者。更重要的是，給他們提供了一個提高財商的機會。也許他們第一次可能買得貴了，但這並不是浪費，存留在孩子腦子裏的理財觀念，是家長花多少錢也買不到的。

孩子第一次想購買價格較貴的商品，家長應該給他們以下幾方面的指導。

1. **想清楚購買的必要性**。在孩子購買比較昂貴的物品前，家長有責任啓發他們想想：爲什麼我一定要買這個商品呢？我用它的次數很多嗎？一定要現在購買嗎？可不可以等一段時間？

2.尋找和瞭解目標商品。當孩子經過反復思量決定要買某個東西時，爲了找到最中意的，告訴孩子通過以下途徑，全方位地尋找和瞭解目標商品：該商品有哪幾種品牌？不同品牌、不同型號的功能有何不同？不同品牌、型號價格有何差別？其他人對這一品牌和型號是如何評價的？可以讓孩子帶著以上問題，獨自到商場或專賣店去深入瞭解，也可以通過網路瞭解如上商品資訊。

3.貨比三家。同一種商品，卻因爲商家所處的不同地理位置、購貨管道等原因，商品的價格也會大不相同，家長就應該從小灌輸孩子這個道理，買東西要「貨比三家」，多關心商家的動態、讓孩子知道以下管道，對要購買的商品進行比較：很多商場在節慶假日會開展打折促銷活動，在最新的報紙、雜誌上尋找；優惠套餐，也可以使用超市、大型商場的打折卡。還要讓孩子學習一點「砍價」的辦法，敢於和善於「砍價」，以爭取到最便宜的價格。更應該讓孩子注意一些「學生優惠」資訊，嘗試用學生證爭取打折機會。

現在很多青少年熱衷於網上購物，這雖然比較便捷，但是存在著諸多陷阱，應特別注意。家長要指導孩子從信譽較好的網站購買，還要告訴孩子，不可沒見到東西之前就將錢郵寄過去，列印所有相關該商品的資訊，保存交易憑證也是必要的。

總之，讓孩子獨自去購物，不僅可以鍛煉他們的自立精神、計算能力，而且可以使他們在實踐中積累一些非常有用的消費知識和技巧。如果他們在獨自購物的過程中，注意運用上述細節，那麼他們的財商無疑會得到很大的提升。

教育名言

對於浪費的人，金錢是圓的；可是對於節儉的人，金錢是扁平的，是可以一塊塊堆積起來的。

4. 做點生意不是壞事

在炎熱的暑期，孩子自作主張，在當街擺起一個小茶攤，當起「茶攤老闆」，做起生意。對此，有許多中國父母恐怕接受不了，因爲我們這這個國家歷來有著「重農輕商」的傳統，到今天已經演變爲「重學輕商」。所以當孩子擺起茶攤或做起別的什麼小生意來，父母可能會立即出面逼迫他們「停業」，並且呵斥「快去讀書學習！小孩子瞎折騰什麼！」

但是，請家長們展眼望一望，當今世界不正在形成一個全球化的大市場嗎？二十一世紀的大趨勢是：不論跨國大公司還是政府部門，工作機會正在不斷減少。所以，當孩子從高中或大學畢業後，他們很可能會面臨一個爆滿的就業市場，當然，這並非意味著沒有工作機會了。

財商的素質是什麼？這意味著孩子未來或許根本不需外出奔波，不需在別人那裏謀到職位，他們完全可以自己做生意，自己創造就業機會，自己主宰命運。因此，從長遠來說，孩子在少年的時候嘗試做一點小生意，對他們未來的生存和發展有著重要的意義。

在做小生意的過程中，孩子會領悟到只有付出才有回報、只有在獲得報酬前，先要為他人提供價值的道理；他們會懂得根據市場需求，提供產品和服務的商業思想；他們會獲得為自己的生意進行廣告宣傳的直接經驗。在經營小生意的過程中，既鍛煉了孩子的能力，又增強了他們的自信心和獨立性，更為重要的是，培養了他們的財商。所以，明智的父母會在恰當的時機，指導孩子做點小生意，並給予適當的幫助和指導，而不是一味地用「快去學習」給以粗暴地「封殺」。

孩子以前乾淨的舊衣服，拿去清洗後，可以到舊貨市場賣掉；孩子以前用過的玩具，也可以以適當的價格出售，孩子以前用過的參考書，也可以選個合理的價格出售，還可以送到收舊書的地方換一些零用錢，用這些零用錢買一些對自己更有用的東西，或者說用這些零用錢，為一些窮困失學的孩子捐款，點亮其他同齡小夥伴的希望之光，奉獻自己的一份愛心。上述這些要點，家長只能給予孩子以啓發和引導，最終的經營決策，一定要由孩子自己做出。如果家長越俎代庖，替孩子把一切都設計好了，那就失去了孩子自主做生意的教育意義。

父母應該做的，是在必要的時候給予孩子一定的幫助。比如孩子小生意的啓動資金不夠，這時你可以用借貸的形式借給孩子部分資金，讓他們收回成本時如期歸還。

父母還要提醒孩子要量力而行，不要讓自己的生意與商業經驗豐富的成人們經營的公司競爭。例如，孩子在選擇自己的經營項目時，要儘量避開專業的草坪護理、動物飼養、全面到位的家庭保潔等要求較高的服務；而應該選擇那些簡單易行的工作，比如掃樹葉、除草、鏟雪、看護小孩子等項目。儘量讓孩子對初次做生意的經歷，留下成功而良好的印象，而不是承受過度的競爭壓力。

當然，提醒孩子注意安全是絕對要放在第一位的。你可以問問孩子，在街道旁替人洗車安全嗎？在替人家清洗馬桶的時候戴不戴手套？這樣的用意在於告訴孩子，不管現在還是將來，不管從事什麼工作，安全總是第一位的。如果孩子的小生意取得了進展，即使獲得了微小的利潤，父母都應該及時地給他們以鼓勵，可以舉行一個小小的家庭慶祝會，也可以送給孩子一件特別的禮物。這樣的表揚，可以激勵孩子更進一步地發揮自身的主動性、創造性和吃苦耐勞的精神。

教育名言

讓孩子學會如何理財，等於教會了孩子在人生路上用兩條腿走路。

5.真正的財富

在訓練孩子當個有經濟頭腦的人之前，你必須讓孩子建立一個觀念：什麼是眞正的財富？許多人用了一輩子的時間追求財富，結果：錢財有了，卻賠上了人生、家庭幸福與健康。金錢爲他們帶來了舒適與便利，卻也讓他們變得孤獨，感到人生乏味。

很多人剛踏入社會時，興致勃勃，運用他們在求學階段所學到的經濟常識和投資概念，急欲在社會上大顯身手，經過一段時間的奮鬥後，他們賺取了金錢，得到了名利，可是，他們卻迷惘了，人生的意義何在？

他們變得不快樂，變得煩躁，怨聲連連。爲什麼會這樣呢？因爲他們只忙著追求金錢上的財富，卻忽略了心靈上的財富，所以，當你的孩子稍大一點，作爲父母必須指導孩子去認識什麼是眞正的財富。

一個人要有高遠的志向、高尙的品德，並且要有堅韌不拔、不屈不撓、愛國憂民的精神，以及有一顆仁愛的寬廣胸懷，這就是人生的心靈財富。

青少年時期是決定一生發展的重要階段，也是價値觀確立的重要時期。每天，我們都能從各種媒體上，獲得青少年犯罪的消息，面對這樣的社會新聞，你做何感受呢？是替這些青少年感到惋惜，還是慶倖自己的孩子不是其中之一，或是擔心有一天，自己的寶貝孩子也會受到影響？

爲了不讓孩子迷失在金錢裏，你必須進一步加強孩子的金錢教育，引領孩子去認識眞正的財富，去追求眞正的財富，進而成爲一個眞正富有的人！

首先，教育孩子拋開虛榮心是非常必要的。曾經有一則新聞報導說，美國前總統布希的夫人，有一回參加國宴，頸上竟然戴著一串價值二十美元的假珍珠項鏈，但是布希夫人絲毫不以爲意，一串便宜的假項鏈並無損於她的地位，反而爲她贏得了更多的尊敬。

家長應該讓孩子知道，一個眞正成熟、富有的人，是不會太在意外在的裝扮的，反而是沒有錢的人，才喜歡裝闊。沒錢的自卑讓他們忐忑不安，覺得低人一等，他們的內心常在交戰：「我只能用這種便宜貨嗎？」面對一件買不起的物品時，考慮「虛榮」往往比考慮「價格」的時候多。結果，越沒錢越裝闊，越裝闊就越沒錢。

家長應該以身作則，拋開虛榮，讓孩子在無形中受到潛移默化的影響。倘若孩子受到同學或社會的影響，養成了愛慕虛榮心，你不妨給他講布希夫人的故事，並且爲他分析虛榮的弊端。

其次，家長要指導孩子怎樣認識心靈的財富。在引導孩子去追求心靈財富時，要用自己的頭腦思考問題，因爲青少年的判斷力已經逐漸增強，他們已經有能力在一定範圍內分得出什麼是好的、什麼是壞的了，只是他們很容易受到外界的影響。

這就需要講究技巧，尤其是想把他從追求時尚或者熱衷虛榮的心拉回來，更需要有一番智慧。最好的方式是，你能試著從孩子的角度看事情，設身處地的爲孩子想，然後客觀地、理性地和孩子溝通，爲他們分析講解。

最不好的情況是，用責罵或命令的方式要孩子做這個做那個，別忘了，你的孩子已經是個青少年了，他開始有自己的主張，高壓式的教育方法，只會把他逼得離你遠遠的。

此外，你還可以鼓勵孩子多追求心靈的財富。一個懂得追求心靈財富的人，對物質的需求會相對地減低，他可以判斷出什麼才是最有價值的、最重要的。所以，我們的孩子如果能及早擁有心靈財富的話，就不會爲了滿足自己的欲望而時時向家長伸手要錢，也不必擔心他會迷失在五顏六色的花花世界裏了。

心靈財富需要長期的累積，青少年的可塑性大，對任何東西都充滿好奇，正是培養興趣、豐富心靈的大好時機。比如說，家長可以介紹孩子去當義工。擔任義工有許多好處，除了把自己的精力用在對別人有幫助的事情上，更有助於培養孩子建立高尚的人格情操，讓孩子永遠有一顆寬廣的胸懷，爲孩子樹立遠大志向都將起到深遠的教育作用。最有價值的，莫過於從中體會服務奉獻的快樂。在目前一切以金錢爲衡量標準的社會裏，擔任義工可以讓孩子重新思考財富的意義，對於建立正確的價值觀，是很有幫助的。

教育名言

錢並不等於幸福，幸福的寶塔並不是用錢堆起來的。人生真正的幸福和歡樂，浸透在親密無間的家庭關係中。

6. 財商是教育出來的

從現代家庭教育來看，培養孩子具有經濟頭腦，不僅是一種生存教育，而且是一種素質教育。生活的實踐證明，那些經濟上能自立、不依賴父母的青年人，在學業和事業上都發展較好。

其實，理財能力是當代每一個人都必須具備的基本素質，它直接關係到人一生中的發展和幸福。在今天以經濟建設為中心的時代，這種能力的重要性就顯得更加突出了。然而，與世界上發達國家相比較，我國的理財教育卻相當落後，對青少年來說更是如此。儘管在成人理財教育方面，我們已或多或少地做了一些工作，但在青少年理財教育上，直到今天卻仍然是一片空白。

要使孩子具有「經濟頭腦」並不難，首先，應使孩子瞭解父母的收入情況，可與孩子共同討論家庭支出計畫。在消費方式上，父母要與孩子取得統一認識。然後，就可以幫助孩子認識各種東西的價格，瞭解「錢」對自己生活和發展的意義。例如，當孩子在生日鬧著要和他的夥伴一起去吃「肯德基」時，家長可以與他算一筆賬：四個人去吃一頓最少要多少元，這筆錢可以為他買一件漂亮的衣服，也可買隻雞自己在家吃，可以吃

上兩頓，餘下的錢還可以買兩本書。然後，還要使孩子瞭解父母怎樣工作和勞動，錢是怎樣賺來的，什麼是誠實勞動，什麼是坑蒙拐騙等等。

家長還要創造條件，引導孩子用自己的勞動去獲取報酬，讓他們及早就知道生活除了享受以外的部分。比如在寒暑假，讓孩子參加一些力所能及的臨時性勞動，體驗勞動的艱辛，這對孩子是大有好處的。

家長必須及早樹立孩子正確的金錢觀，免得孩子走錯了路，最後不能自拔。家長要讓孩子懂得，人生在世，有許多東西是金錢買不來的。例如：知識、健康、友誼、幸福、情感、名譽、事業、貢獻等，聰明勤勞的人是金錢的主宰者，只有智慧與勞動能創造一切。

如果在親朋好友中有令人羡慕的「大款」，也可以讓孩子與這些人接觸，瞭解他們創業的艱辛，瞭解他們的自信心和發展事業的創造精神，而不應只看到他們「財大氣粗」。當孩子有機會步入高消費場所時，應藉機教育孩子，是因爲父母、親朋敢於創造，努力拼搏，開拓事業，才有了自己的社會地位和經濟實力，才有資格去消費。而這一切是需要付出智力和體力的巨大代價的，不勞而獲是可恥的。

教育專家們紛紛指出：早在兒童（六～十二歲）這個階段，就應該著重在觀念上建立理財計畫。想想現在的情況，父母、老師們都傾其所能地傳授給孩子種種知識，唯獨疏忽了金錢教育。因此，很多孩子到了青年，甚至到了成年時，還搞不清楚錢的眞正意義與用途，怎麼樣買東西才算是合理的消費，吃了虧也不知道該怎麼辦，毫無支配與管理金錢的能力，不是寅吃卯糧，就是成爲一毛不拔的鐵公雞。

家長們應該警醒，對青少年的金錢教育，家長所應負的責任非常大，因爲家庭生活正是金錢教育的現成教材。你爲了家庭生計而努力工作，以及爲了維持收支平衡、量入爲出的消費方式，都能傳達給孩子很好的價值觀念。只不過家長們對這些事習以爲常，忽略了孩子有明白的必要，白白喪失了一個又一個很好的學習機會。

缺乏正確的金錢觀，再完善的理財計畫，也無法讓孩子累積財富，缺乏正確的金錢觀，還會影響孩子將來的事業與人格發展，甚至會走上歧途，陷入作奸犯科的罪惡深淵裏，影響不可謂不大。

所以，家長必須及早爲孩子建立起一套正確的金錢觀。如果再遲疑下去，或想把責任推給學校，那麼，當孩子成年走入社會之後，所有的壞習慣和錯誤的觀念一旦定型，到時候想糾正就困難了。

教育名言

如果你懂得使用，金錢是一個好奴僕；如果你不懂得使用，它就變成你的主人。

7. 給還是不給

「如果孩子需要錢的時候，只管開口要就好了，我們通常都會給他。」大多數家長都這麼說。對於一個孩子而言，在理財方面，家長要培養孩子一個良好的用財有道的好習慣，告訴孩子每個人只有通過辛勤勞動，才能得到應有的報酬，要把這些錢用在有意義、有價值的地方，千萬不要揮霍浪費；否則，金錢會讓我們在人生道路中越走越遠。

父母們應該問問自己，你會因爲孩子沒有把自己洗好的衣物疊好，或是沒有依照要求擺餐桌，就扣下零用錢嗎？你會因爲孩子沒有做家庭作業，或不肯吃飯，就不給零用錢嗎？你會因爲孩子對鄰居親切友善或考試成績不錯，而增加零用錢的金額嗎？

1 堅決反對家長將孩子的零用錢與家事的關聯。

傑傑沒有擺餐桌，因爲他到胖胖家玩，一直玩到晚餐都上桌後才回來。他的姐姐雪婭只好心不甘情不願地做他的工作，他們的父母也同樣感到不悅。

就傑傑的年齡而言，擺餐桌是項非常適合他的家事。於是，傑傑的父母便在心裏大聲問著——如果對傑傑的懲罰是不給他買他想要買的卡通玩具，以教育他不履行自己職責，受到懲罰的將是自己？

但是，這其中還隱藏了另一層關聯——他不做家務，也要纏著父母買卡通玩具。這並沒有教導孩子明白家長想要他瞭解的價值觀：家中的每一位成員都得有責任感。

一位母親讓她的孩子每天把家裏的衛生打掃乾淨，除此之外還要讓她作拖地、抹桌子等家務工作。每天，孩子工作結束後，媽媽都要誇耀孩子一番，每月，媽媽都會給孩子買一本有教育意義的書籍，作爲對孩子的勞動獎勵。

孩子喜歡被人稱讚、被人擁抱，以及接受完成一件好事之後的慶賀。他們喜歡一種全家人共事的歸屬感。儘管如此，有時他們的責任感還是會被怠忘，或因想出門做某件事的渴望所變小。僅僅是將任務與金錢掛鉤，並不是一個好辦法。

2 堅決反對家長將孩子的零用錢與學校的作業關聯

生活中，有些父母會把給孩子的零用錢，和老師佈置的作業掛起鉤來，比如，孩子作業完成了，家長會以零用錢作爲對孩子良好表現的獎勵，這種物質獎勵確實能激勵人心，但用在激發孩子的讀書熱情上，是否是一種恰當的做法呢？教育心理學告訴我們——絕對不要這麼做。如果賄賂孩子以求學業上的良好表現，你就是鼓勵了他們的貪婪之心，並且剝奪了他們在學業成績上的自尊，如果獎賞一個盡可能不費心力，而只是隨隨便便就得到一百分的聰明孩子，卻不獎勵一個智力平平或不及一般水準，雖然努力卻只得到及格的孩子，你就等於在家裏建立了一套令孩子灰心喪氣的不公平系統。

家長該怎麼做，才能讓孩子知道他們的努力是很寶貴的？像是野餐等這類非預期的特別待遇，可以當做孩子在學校課業上努力用功的很好獎勵。這麼做就等於在說，他們在學校課業上所投注的一切心力，都有其寶貴的價值。但是千萬別事先作任何承諾，否則你就又在賄賂了，而且也別習慣性地每當孩子一有好的表現，就提出特別的待遇獎賞他們。

孩子的一份優良成績單，可以並且應該偶爾獲得一些非物質的獎勵，例如，一段親子共度的特別時間、一頓孩子喜愛的晚餐等。記住，沒有比「被需要」的感覺更有力的獎勵了。

3 堅決反對家長將孩子的零用錢與愛關聯

如果你贊同零用錢應被視爲一種理財工具，以及孩子也能共用家庭資源的觀點，你便能馬上看出零用錢與愛之間並沒有關聯。然而，我們卻很容易一不小心就落入把零用

錢和關愛扯上關係的習慣中：「因爲我愛你，所以我要多給你一些零用錢。」

這是非常危險的。若是你的孩子相信你的做法，你便要面臨許多種可能性。他可能會以爲錢也能用來買到愛情和友情，也可能會開始老是買禮物送朋友，或常常宴請朋友參加活動。他可能學會以金錢做爲標準來衡量親戚間的關愛。舉例來說，如果你一定得刪減他的零用錢（因爲家中經濟狀況不佳），他可能就會以爲你不愛他。這些當然不是家長想傳達的訊息。

教育名言

財寶是財產，知識是財產，健康是財產，意志也是財產，意志勝過其他財產的原因，是任何人一旦佔有了它以後，就可以隨心所欲地使用它。

8. 錢與人生的前車之鑑

故事是孩子最貼心的朋友，也是孩子最親密的老師。從故事裏面，孩子們能得到心靈的滋潤，也能認識人情世故與廣大的世界。故事可以把抽象的、複雜的概念，化成孩子能懂的情節，所以，從故事中讓孩子去認識金錢，是一個聰明而又簡單的方法。

人們常說：「一個人有骨氣，就等於有了一大筆財富。在生活中懷著一線希望，就等於有了一大筆精神財富。」金錢對孩子人生的教育意義，可以從古今中外太多的故事中找到，關鍵是看家長怎樣去啓發、引導孩子。

第二次世界大戰前，恩妮．凱特是城裏唯一沒有汽車的人家。他父親是個職員，整天在證券交易所那如同「囚籠」般的辦公室裏工作，假如他父親不把一半工資用在醫藥費以及給比他們還窮的親戚上，那麼他們的日子還過得去。

事實上，他們家是很窮的。他母親常安慰家人說：「一個人有骨氣，就等於有了一大筆財富。在生活中懷著一線希望，就等於有了一大筆精神財富。」

幾星期後，一輛嶄新的別克牌汽車，在大街上那家最大的百貨商店櫥窗裏展出了。

這輛車已定在今夜（他們城市的市節）以抽籤的方式饋贈給得獎者。不管恩妮．凱特有時多麼想入非非，也從來沒有想到過會如此幸運。

當擴音器裏大聲叫著他父親的名字，明白無誤地表示這輛車已屬他們家所有時，恩妮．凱特簡直不相信這是事實。父親開著車緩緩駛過擁擠的人群。恩妮．凱特幾次想跳上車去，同父親一起享受這幸福的時刻，卻都被父親趕開了。最後一次，父親甚至向他咆哮：「滾開，別待在這兒，讓我清靜清靜！」

恩妮．凱特無法理解父親的感情。當他回家後委屈的向母親訴說的時候，母親卻似乎非常理解父親，也安慰他說：「不要煩惱，你父親正在思考一個道德問題，我們等著他找到適當的答案。」

「難道我們中彩得到汽車是不道德的嗎？」恩妮．凱特迷惑不解地問。

「汽車根本不屬於我們，這就是問題的關鍵。」母親回答說。

他歇斯底里地大叫：「哪有這樣的事？汽車中彩明明是擴音器裏宣佈的。」

「過來，孩子。」母親溫柔地說。桌上的臺燈下放著兩張彩票存根，上面的號碼是三四八和三四九，中彩號碼是三四八。

「你看到兩張彩票有什麼不同嗎？」母親問。

恩妮．凱特看了好幾遍，終於看到彩票的角落上有用鉛筆寫的淡淡的K字。

「這K字代表凱特立克。」母親說。

「吉米．凱特立克，爸爸交易所的老闆？」恩妮．凱特有些不解。

「對。」母親把事情一五一十跟孩子講了。當初父親對吉米說，他買彩券的時候可以代吉米買一張，吉米咕噥說：「爲什麼不可以呢？」老闆說完就去幹自己的事了，過後可能再也沒有想到過這事。三四八那張是凱特立克買的。

吉米．凱特立克是一個百萬富翁，擁有十幾輛汽車，他不會計較這輛彩車。「汽車應該歸我爸爸！」恩妮．凱特激動地說。

「你爸爸知道該怎麼做的。」母親平靜地回答。不久，他們聽到父親進門的腳步聲，又聽到他在撥電話號碼，顯然電話是打給凱特立克的。第二天下午，凱特立克的兩個司機來到他們這兒，把別克牌汽車開走了，他們送給父親一盒雪茄。

直到凱特成年之後，他才有了一輛汽車，隨著時間的流逝，他母親的那句「一個人有骨氣，就等於有了一大筆財富」的格言，具有了新的含義。回顧以往的歲月，他才明白，父親打電話的時候，是他們家最富有的時刻。

教育名言

金錢是一種有用的東西，但是，只有在你覺得知足的時候，它才會帶給你快樂，否則的話，它除了給你煩惱和妒忌之外，毫無任何積極的意義。

9.幾種價值觀的建立

「爸爸，我們家的房子爲什麼沒有別人家的寬敞，也沒有別人家的漂亮？」

「媽媽，爲什麼胖胖家的車比我們家的好？」

「我們家很窮嗎？」

「我們家很富嗎？」

「爸爸，佳佳的爸爸開公司當老闆、坐大車，亮亮的爸爸騎自行車還是輛破車，是不是當老闆比做大學教授更好？我長大了究竟是去當老闆，還是去當大學教授？」

我們怎樣回答孩子的問題？講一番大道理？敷衍塞責？不回答？實際上，作爲家長，沒有人比我們更明白，無論怎樣的回答，都將面臨各種各樣的尷尬！

這個時候，明智的家長會告訴孩子，並不是所有價值都可以用數字來衡量的。比如愛因斯坦一生就醉心於科學，厭惡追逐金錢。大額英鎊被他隨意當做書簽。在他看來，每一件財產都是一塊絆腳石，一個人的價值並不表現在財物中。

當愛因斯坦來到普林斯頓的高等科學研究所工作時，當局給了他相當的高薪——年薪一．六萬美元，他卻說：「這麼多錢，是否可以給我少一點？給我三千美元就夠了。」

愛因斯坦對自己的衣著也從不講究，他常常頭戴草帽，衣著不整，長年披著一件黑色皮上衣，不穿襪子，不繫領帶，褲子有時既沒有紮皮帶、也沒有吊帶，他和人在黑板前討論問題時，一面寫黑板，一面要把那要滑下的褲子用手拉住。憑著衣著，有的人竟把他看成司機。可他卻說：「要是布袋子比裏面的肉更妙，那可是一件糟糕的事！」

置身於經濟浪潮中的當代社會，誰都免不了受金錢的困惑。因此，如何看待金錢，如何處置金錢，值得每一個人深思，尤其是青少年。家長的指導教育作用已經變得越來越重要起來，孩子需要對金錢有一個正確的態度，家長需要明確告訴孩子幾種價值觀的存在形式，以便他們做到心中有數，將來坦然面對富貴與貧窮。

（一）真正將金錢當作身外之物的人。

孫中山一生與無數金錢打交道，遺產卻只有價值兩千元的書和一所五間房的住宅；卡爾．馬克思一生幾乎都處於貧困之中，嚴冬沒有煤燒，生病請不起醫生，甚至孩子死了，連買一口棺材的錢都拿不出來，可他卻依然執著於共產主義的研究；諾貝爾一生致力於科學研究，家道幾起幾落，幾度死裏逃生，然而死後，他卻以千萬美元的家資，獎勵那些對人類有特殊貢獻的精英們。

這些偉人的思想品質，是值得孩子學習的，他們對人生看得透徹、活得灑脫。成敗得失也好，貧富聚散也罷，都不過是過眼雲煙。對於金錢，雖然家長應該讓孩子認識到它的重要性，但一定要清楚，金錢終究是身外之物。

（二）能賺錢，會花錢，做金錢的主人。

洛克菲勒在成爲第一個十億富翁後，漸漸領悟到，「財富爲上天所賜，自己是保管人而非擁有者」。他把數以億計的資產拿來扶持教育、科研、衛生事業，幫助窮人，回報社會；當代首富比爾．蓋茲，擁有數百億美元鉅資，卻爲了少付幾美元的停車費，寧肯繞道而行。他直言「要物有所值」，並宣稱：六十歲以後把全部財產捐給社會，開始新的生活。

這類人也值得孩子學習效仿，因爲他們是金錢的眞正主人。他們想得到錢的時候，可以正當合理地使錢「呼之即來」，他們想利用錢的時候，也懂得把錢花在最值得的「刀刃」上。這就是駕馭金錢的藝術，更是孩子應該學習和鍛煉的一種能力。

（三）愛錢如命，為了金錢甘願出賣一切，甚至出賣自己的靈魂。

莎士比亞筆下的威尼斯商人夏洛克，貪婪、兇殘、狡詐、陰險，爲了達到賺更多錢的目的，時刻準備從安東尼奧胸口上割下一磅肉，置其於死地，爲自己的高利貸之路掃清障礙。巴爾扎克筆下的葛朗台，爲了財產逼走侄兒，折磨死妻子，剝奪獨生女對母親遺產的繼承權，「看到金子，佔有金子，便是葛朗台的執著狂」。實爲富豪，卻形似乞丐。

走出文學世界，中外歷史、現實生活中也不乏此類人。專制與腐敗的典型前韓總統全斗煥、前菲律賓總統馬可仕……他們憑著手中的權力大撈國富民財，他們以天文數字般的財富，過著豪華奢侈的生活，對金錢的貪得無厭，成就了他們一世臭名。

人本應是財產的主人，是財富的支配者，可他們卻成了守財奴，成了爲了錢財而喪失一切的人。家長要讓孩子知道，有些人可能有很多錢，但卻除了錢之外再無任何有價值的東西，這些人活的或許很瀟灑，其實他們很可憐。

（四）人生的樂趣建立在金錢之上，被金錢扭曲了靈魂的人

莎士比亞在《雅典的泰門》中，描寫貴族泰門慷慨好客、樂善好施且揮金如土，家中日日賓客如雲。一朝黃金散盡，債主盈門，那些曾百般躬迎他的小人，卻如躲避瘟疫一樣避之唯恐不及。

莎士比亞通過泰門之口，道出了金錢對人性的扭曲。其實，這能是金錢的錯嗎？不過是泰門自己沒看透金錢的本質，糊裏糊塗地做了一個敗家子的典型罷了！「凡妖媚人，皆自招致」。錢本身並不是萬惡之源，並沒有什麼錯。

要從小告訴孩子，金錢並不是最重要的，最重要的是人要有一顆忠誠愛國的心，要有一顆樂於助人、勤儉善良的心靈，看待金錢，要做到不貪、不奢、不執迷，輕鬆自在地對待它，才能達到人生的自在境界。

爲此，要從小教育孩子對金錢的正確看法，賺錢除了能夠保障自己的生活以外，更重要的一點是要爲社會作出自己的貢獻，爲國家、社會奉獻一點愛心，而不是見利忘義、唯利是圖，赤裸裸的拜金主義作風。

教育名言

金錢是對社會生活進行分配的計算工具；金錢本身就是生活，就像金鎊和銀行券是貨幣一樣真實。

10.青少年理財最容易犯的二十個錯誤

青少年要接觸錢、瞭解錢，學會合理地使用錢，這有利於培養孩子的經濟意識和理財能力，以適應未來經濟生活的需要。有關專家經過長時間的觀察和研究，總結和列舉出了現在存在於青少年身上，在理財方面最容易犯的二十種錯誤。

◆現在享用，以後付錢。大多數青少年對錢的認識不夠，沒有隱患意識，眼前只有享受，認為以後會有父母把錢送到自己手上。

◆沒把錢當回事。孩子總以為家長有的是錢，每天都能有大數目的零用錢，所以買東西從不考慮價格。

◆買東西時，把身上的錢花個精花。

◆向廣告看齊。許多初高中生的早餐，不是「好吃看得見」的速食麵，就是「口服心服」的八寶粥，他們不論是吃的還是用的，都向廣告與流行看齊。

◆向大人看齊。看見大人們經常泡三溫暖，吃海鮮，他們感到一種氣派，不僅有羨慕之心，也學著去進行高消費。

◆向明星看齊。據一家美容店老闆介紹，她曾遇到不少崇拜明星的中學生來美容修髮，還常常甩出一百元的紙幣當小費。

◆許多初高中學生在錢花掉之前，已經有過數次的購買欲望。
◆買了許多東西，但很少有令他們長期滿意的。
◆濫用別人的錢。
◆只在花錢時才有一種滿足感。
◆如果手中有幾百元，就覺得富裕了。
◆儲蓄對他們來講並不重要。
◆花掉的要比儲蓄的多。
◆只能節省一點購買小件商品的錢。
◆認爲錢的能量並不很大，而且沒有多少潛力可挖。
◆花錢從來不做計畫。
◆不能正確地使用活期存款帳戶。
◆不恰當地使用信用卡。
◆從不瞭解錢的時效價值。
◆忽略通貨膨脹。

高效率地理財，是孩子將來生活中必須具備的一種重要能力。家長應為孩子提供一些理財的訓練原則和切實有效的方法，但是需要注意，不同的孩子在理財安排及責任感上的接受能力是不同的，有快有慢，「要事優先」永遠是合理理財的一個主要方面。

家長可以讓孩子列一個一天所花錢和剩錢的表格，以幫助孩子逐步確立理財觀念。一般來說，在孩子上學期間，家長就應該要求他們制訂出一個詳細的理財計畫，具體到一周每一天的每一件開銷，然後作好記錄。一周結束後，把各項活動所花的金錢數量加在一起，去發現怎樣花掉自己手中的金錢。

由此可以思考如下問題：這一周你把大部分金錢都用在做什麼上面了？哪方面用的金錢最少？你寧願在什麼事情上多花些？什麼事情上少花些？你想去做的事為什麼不去做？沒有足夠的金錢嗎？你對你花費金錢的方式是否滿意？

金錢是用血汗換來的，雖然有的孩子不珍惜它，不好好認識和利用它，但家長有義務讓孩子明白金錢與價值之間的關係，家長要讓孩子懂得錢要踏踏實實地賺，要一分一角地花。

教育名言

金錢，是人類抽象的幸福。所以，一心追求流行的人，不可能會有具體的幸福。

第二章

讓孩子增加情商的8個細節

Part 2

1.尊重是相互的

某中學的男孩楊泉，怕父母動他的抽屜，翻看他的日記和信件，便在抽屜最上面放了一張白紙，紙上放一根頭髮絲作為「封條」。第二天放學回家，楊泉發現頭髮絲不見了，顯然，抽屜被人動過。

過了幾天，他在抽屜裏放了一張紙條，上面寫道：「侵犯人權！」結果，抽屜還是被動過了。又過了幾天，他將一張寫著「窺視的人是不應受到尊重的」的紙條放在抽屜裏。

這次可闖下了大禍！父母一反常態，當著他的面打開了抽屜，說：「要尊重就尊重父母師長，還輪不到你要求尊重。」楊泉據理力爭：「你們不要侵犯了我的公民權好不好？」做爸爸的臉上掠過一絲冷笑：「你在我面前沒有公民權，在家中只是我的兒子，不是什麼公民！我是你老子，看你的日記和信件才是我的權利！」

偷看孩子的日記和信件，這對大多數中國家長來說是「公開的秘密」。難道父母們獵奇欲望太強、有「偷窺癖」不成？當然不是，大多數家長的出發點是良好的，他們希望自己的孩子健康成長，害怕孩子走彎路，做出一些傻事，所以總想瞭解和掌握孩子心裏在想什麼、背地裏在幹些什麼。瞭解和掌握的重要途徑，就是偷偷地看孩子的日記和信件。

事實上，很多父母明知這樣有些「不道德」，但在強烈的「責任心」的促動下，仍按捺不住地就將手伸向孩子的日記、信件，甚至會偷著在孩子的書包裏尋找蛛絲馬跡。

家長們的動機是不容置疑的，但卻在有意無意中侵犯了孩子的隱私權。因為孩子的日記和信件是他們隱私的集中表現。特別是孩子的小日記本，可以說是他們表達自己所思所想和情感陰晴圓缺的一塊「私密空間」，是孩子在排除任何外界干擾的情形下，進行獨立思考的產物和自我意識的表露。

發現了自我世界的青少年們，雖然與家庭成員、同學、老師朝夕相處，但仍不免感到孤獨。他們認為，除了與周圍人的共同話題之外，在許多問題上誰也無法理解自己。在此情形下，日記便成了孩子傾訴心聲的對象。一些孩子認為日記是一個絕對不會向任何人「學舌」的理想聽眾，向日記傾訴，能使自己得到安慰，無論怎樣為自己辯護，也不會受到它的責備和刁難。

所以，日記的內容可以說是每個孩子的「絕對隱私」。孩子對自己的日記採取各種措施予以保護，就是在保護自己的心裏隱私，是再正常不過的了，同時也是《聯合國兒童憲章》賦予地球上每一位孩子的基本權利。

在尊重孩子的隱私權這一點上，中國家長實在應該向美國父母學習。在美國家庭，父母能不能進孩子的房間，決定權完全在於孩子。當父母敲門後，得到孩子的許可，才能進去，而且進入後毫無行動自由。

但在中國，如果孩子不讓父母進入自己的房間，那簡直是「反」了。中國家長的「人治」觀念根深蒂固，反映在許多父母的觀念中就是：我是一家之主，我就是「法」。孩子是我親生親養的，難道有什麼可以向我隱瞞的嗎？我是你父母，你的事讓我知道了又有何妨？

一言以蔽之，父母對孩子，管生活、管吃飯、管穿衣、管學習、管睡覺，幾乎一天二十四個小時都管，豈能忽略他們的隱私不聞不問？也就是說，有沒有自己的隱私，孩子自己無權做主，唯有父母才有完全的支配權。

因此，許多父母將手伸向了孩子的日記本，信件等私密空間，從此孩子的「絕對隱私」便大白於天日了。當孩子發現父母「偵察」了自己的「私密空間」，就會因爲父母不尊重自己而產生逆反甚至怨恨心理，他們會採取更有效的措施，來保護自己的「私密空間」。

更爲嚴重的是，也許從此以後他們在心靈上與父母產生了難以逾越的「鴻溝」，更不要說主動地和父母談談自己的心事了。身爲父母，也許從此再也無法瞭解到孩子的眞實心理狀態了。

對於孩子的日記、信件、書包等「私人空間」，應該讓孩子自己做主。父母不能橫加干涉，更不能以「特工」的手段進行「私密偵查」。只有這樣，孩子才能感受到父母的尊重，那麼，他們在家中和學校就會尊重父母、尊重老師和同學，在將來的人生道路上尊重他人，這有利於他們培養自主、自尊個性的特質。

當然，這對於維持和諧的親子關係和祥和的家庭氛圍是大有益處。父母如果要瞭解孩子的心理動向，其途徑是多種多樣的：你可以大大方方地和孩子談心，你可以講些自己的經歷，拋磚引玉，然後傾聽孩子的心聲，你也可以借某個話題隨機發揮、旁敲側擊……何必以侵犯孩子的隱私和自尊、激發親子間的對抗爲沉重的代價呢？

✐ 教育名言

不尊重別人的自尊心，就好像一顆經不住陽光的寶石。

2. 孩子不是家長的「臉」

性格開朗、活潑大方的燕妮在上初中時，母親幾乎天天用這樣一句話來激勵她：「你要考不上重點學校，我就不再活下去！」燕妮在中考時如願以償，考進了重點高中，爲媽媽爭了一口氣。從此得到了母親的格外寵愛。

上高一時，母親對燕妮的期望值進一步「加碼」——「你必須在全班考第一！」在那所英才薈萃的「重點」中學裏，燕妮有些力不從心，漸漸地，活潑可愛的笑容從她的臉上消失了，焦躁與不安爬上了她那稚嫩的額頭。

令母親失望的是，期中考試她沒有成爲全班第一。母親減少了對她「考入重點」時的待遇，用威脅的口吻堅決地說：「以後你的考試成績每門達不到九十分，就算十分丟我的臉！」

可惜事與願違，燕妮的考試成績中達到九十分的學科越來越少，母親對她的斥責越來越多，終於，在一個大霧迷漫的早晨，燕妮離家出走了……

當今有很多父母，將自己的「第一夢」、「重點高中夢」、「重點大學夢」、「成龍夢」，一股腦地寄託在子女的身上。孩子還只是胚胎的時候，就又是聽胎教音樂，又是做胎教按摩，恨不得孩子出生時的「第一聲啼哭，就是一首絕妙的好詩」。

孩子床沿還沒有爬過，就又是搞「零歲方案」，又是進補「腦白金」，恨不得孩子一出幼稚園，就成爲「神童」、「博士後」。孩子稚嫩的雙肩如何承受父母的期望之重：「兒子，你門門功課必須是全班第一！」「女兒，一定要考入重點中學！」「孩子，你一定要考上名牌大學，爲咱們家爭口氣！」

孩子似乎成了父母們的私有財產，像口袋裏的東西一樣，任由父母的意願來支配。讓孩子成爲「第一」，進入「重點」，上名牌，是中國大多數父母的共同心態。上海市的一項調查表明：上海市區和郊區共有57.8%的家長要求孩子「樣樣爭第一」；市區77.9%的家長希望自己的孩子達到大專及大專以上學歷；對於孩子的職業，市區91.8%的父母希望自己的兒女成爲從事腦力勞動的「白領」。

那麼，孩子們心裏的眞實想法是什麼呢？

天津市曾經進行過一次學生升學願望的調查，結果表明孩子願上中專技校的人數，比家長希望子女上大學的人數多兩倍。這個調查表明孩子的想法和家長的願望有著明顯的衝突。孩子們關心的是素質的提高，而非「分數的第一」，孩子們渴望的是自由的發展，而非一定要考入「重點」、「名牌」。

在我們這個看重「父母之命」的國度裏，身爲一家之主，父母當然可以憑藉「家長的權威」，將自己的意志強加到孩子的身上，也可以將孩子拼命取得的成績當作自己的「臉面」，但高壓和強迫，往往會導致災難性的後果，孩子極有可能以極端的方式，向父母說出壓抑在自己心底的大寫的「不」字！

事實上，每年都有數以萬計的中國學生，因不能爲家長爭取足夠的「面子」而翹課或離家出走，甚至自殺。更極端的是，導致「弑親」的人間大悲劇。

一九九三年四月二十九日，四川省峨眉山市的十九歲青年彭足偉，因爲殘忍地殺死了父母、殺傷胞弟而被依法處決了。鄰居們都搖頭歎息：父母非常疼愛他，然而他竟親手殺死了父母，眞是孽子！

彭足偉在押時說：「父母的要求太高，我永遠也達不到，所以我恨他們。」

家長要根據自己孩子的能力提出適當的要求，不要提不切實際的過高要求。彭足偉的父母把出人頭地的願望「押」在孩子身上，事業很不得意的父親，經常指著電視裏面中央領導的鏡頭對他講：「你長大了，就要像這些大人物一樣給老子風光風光！」

爲了使彭足偉將來能考上重點高中，進入大學殿堂，每天當他放學回家後，父母就不讓他下樓去玩，而是把他關在家裏死啃書本，幾乎剝奪了他的交往和其他所有的業餘愛好。專制的教育方式，使他愈來愈難以忍受，從洗耳恭聽逐漸到公然對抗父母。本來基礎薄弱的他，學習成績不斷下跌，父母不是幫助他分析原因，而是一味責怪「沒出息」，經常受到訓斥和懲罰。

用彭足偉的話說，家不像家，卻像個派出所，父母就是所長，他就是小偷。彭足偉開始逃避這個家，出走過一次，被父親找回來打了個半死。他因幾分之差而不得不去讀私立高中。他本來就很自卑，在這一連串的挫折面前，自己就覺得更抬不起頭來。父母整天是怨聲滿口，隨著衝突的加劇，彭足偉對父母的逆反升級爲仇恨，進而產生了「弒親」的強烈念頭。終於，在父母熟睡的一個夜晚，這個罪惡的念頭變成了血淋淋的事實。

這是何等的人間悲劇呀！活生生、血淋淋的事實不斷地警示天下父母們：不要再將自己的意願強加於孩子了。讓孩子感受家庭的溫暖和親情吧！孩子的心理健康和快樂，遠比「分數第一」重要，孩子的興趣愛好和自由發展，遠比「重點中學」更重要。如果孩子自己的願望是做一名受人尊敬的廚師，請不要逼著他上名牌大學！

教育名言

對我來說，人生不是什麼「短暫的燭光」。人生就是一支由我此時此刻舉著的輝煌燦爛的火把，我要把它燃燒得極其明亮，然後把它遞交給後代的人們。

3.「指導」與「代替」的區別

讀過美國人特里爾寫的《毛澤東傳》的人都會知道，毛澤東在青少年時代，他的父親希望他能在家務農，幫他打理家務、記賬，將來振興家業。但少年毛澤東志向遠大，他想走出韶山，到外面的世界去求學，幹出一番大事業來。

一方面，父親想把他「拴」在家中；一方面，毛澤東執意要求學，這樣父子倆經常發生衝突。最終，毛澤東留下了一首「男兒立志出鄉關」的詩，挑著行李走出了韶山，去尋找他所嚮往的「學堂」。

如果當時毛澤東的父親能尊重兒子的選擇，那麼家庭衝突就會少一些；反過來說，如果毛澤東屈從了性格倔強的父親對自己人生的「安排」，那麼，中國歷史恐怕要重寫了！

在將來走怎樣的人生道路這個問題上，孩子一般會有自己的主見，父母應該尊重孩子自己的選擇。有很多父母擔心孩子不能把握未來的方向，於是將自己的希望建立在孩子的生活現實中，在他們將孩子包裝成自己想像中的「明星」之時，也是孩子失去自我的天分之日。明智的家長不會強加給孩子任何理想，而是幫助孩子樹立自己的理想，並

在以後的實踐中不斷校正這些目標，這是建立和諧和融洽的親子關係的一個重要內容。

世界首富比爾．蓋茲有今日的輝煌，與父母對他人生道路的設計和選擇有著密切關係。比爾．蓋茲青少年時期，一家人住在美國西雅圖市。他父親是律師，母親是教師，都是西雅圖市頗有名氣的人物。

蓋茲小學畢業後，父母將他送進了西雅圖市一所名叫「湖濱中學」的私立中學。蓋茲中學畢業時，很想進入哈佛大學讀書，這也是父母的最大心願。但是在專業的選擇上，父親與兒子卻發生了嚴重分歧。

蓋茲的父親在美國律師界的聲望很高，他十分希望子承父業，所以主張蓋茲選擇法律專業。但蓋茲對學法律當律師沒有多大興趣，他熱衷的專業是數學和電腦。父親經過冷靜反思，意識到若強迫蓋茲學法律，只會扼殺他在電腦方面的特殊天賦，對兒子的長遠發展肯定是極其不利的。最後，父母尊重了蓋茲的專業選擇，決定由兒子做主，讓他在電腦領域自由發展。

然而，更大的分歧是在蓋茲進入哈佛僅僅一年後——蓋茲決定離開這所世界知名的學府，與朋友一起創辦電腦公司。

這對他的父母來說是一個棘手的難題，他們百思不解，開始時也極力反對，但到最後不得不尊重兒子的選擇，任由兒子自主創業。

比爾．蓋茲自己做主的這次重大選擇，無疑改變了他的一生，奠定了他成爲全球「電腦王國」無可爭議的領袖地位的基礎。比爾．蓋茲最幸運的地方在於，他有開明的父母，在他選擇學校、選擇專業、選擇退學這幾個重大決定時，最終都得到了父母的理解和支援。

相比中國的許多孩子，就沒有這麼幸運了，許多孩子的人生道路，是父母早已替他們設計好了的，無需他們自己來做什麼決定。而父母爲他們選擇的，是身爲父母者曾經想走但沒有走通，或者期望孩子走的人生道路，而不是孩子們渴望走的路。這樣的道路，大多數與孩子的天賦和志趣背道而馳，所以會極大地壓抑孩子的潛能和熱情，有的甚至造成孩子終生的痛苦。

熱衷於替孩子做決定的父母們，應該向我國「國際象棋女皇」謝軍的母親學習。

一九八二年，十二歲的謝軍小學畢業時，遇到了一個兩難選擇：是進入重點中學呢？還是專一去學棋？謝軍在小學六年中，有七個學期被評為「三好學生」，這樣品學兼優的孩子，人見人愛，上重點中學，肯定前途無量。但是國際象棋黑白格同樣誘惑著小謝軍。該走哪條路呢？

媽媽用商量的口氣對女兒說：「謝軍，抬起頭來，看著媽媽的眼睛。你喜歡下棋，是不是？」小謝軍目光堅毅，嚴肅地看著媽媽的眼睛，堅定有力地說出了七個字：「我還是喜歡學棋。」

得到女兒的回答，母親神情嚴肅地對女兒說：「好，記住，下棋這條路是你自己選擇的。既然你做出了這個重要的選擇，今後你就應該負起一個棋手應有的責任。」

假如母親當初不和女兒進行一番商量，沒有這段對話，而是像有些父母那樣包辦決定女兒的前程，那就不會有今天的謝軍，中國也不會產生一位「國際象棋女皇」。

千萬不要低估孩子的想法和他們的判斷力。父母尊重孩子的人生選擇，就是愛護孩子的未來。父母可以給孩子提供一些參考意見，但不能強求，更不能包辦，把最終的決定權交給孩子。一旦孩子做出決定，你最應該對他們強調的一句話是：「這是你自己的選擇！你要為自己的選擇盡到所有責任！」

天才之所以成爲天才，是因爲他們選擇了最適合自己發展的道路。

教育名言

心平氣和的、認真的和實事求是的指導，才是家庭教導技術的應有外部表現，而不應當是專橫、憤怒、叫喊、央告、懇求。

4. 四十歲的「新新人類」

于君圭是某中學的語文老師，教了十幾年的語文，現在是「老革命遇到了新問題」：自己居然常常聽不懂兒子于飛說的話。

他無奈地說：「我兒子講的是漢語，可我有時候眞聽不懂他在說些什麼。特別是他和同學通電話的時候，我簡直像在聽外星人說話。」有一次，于飛的一位同學來，穿了一件T恤衫，一進門，只聽于飛說：「哇噻，這件T恤衫好靚耶，非常太空感，絕對電子味，上街炫一炫，帥呆啦，酷斃啦！」

于老師畢竟是教語文的，經過一段時間的研究，終於對兒子的語言特色聽出了一些門道來。比如「哇噻」，常常使用在句首，表示十分驚訝，類似於普通話中的「乖乖」、「天哪」、「耶」則常常用在句尾，一句話說完後，突然會冒出一個響亮的「耶」！

天長日久，于君圭老師對兒子這些語言習慣總覺得不順耳，特別反感他那些過分誇張的「卡通」腔。他曾就此問題專門跟兒子「探討」過一次．但兒子反而開導他說：「爸，你是不是有些『老土』！這是今天我們『新新人類』的流行語。我還討厭你們那種哼哼哈哈的官腔呢，一聽就透著虛假。」

有一天，父子同看電視，于老師指著一個字正腔圓的節目主持人對兒子說：「你看人家講話多標準，多地道！」于飛不屑地說：「她那口『朗讀腔』，我還嫌牙癢。」

誠如于飛所言，他的語言色彩體現著「新新人類」的說話風格，有些鮮活，也有些怪異，與父輩們的說話不太相像，實在有些「反傳統」。當孩子「反傳統」的「流行語」滿口飛的時候，父母應該以一顆相容並蓄的心去面對。

因爲我們的時代每天都在突飛猛進的變化，語言也在進行著鮮活生動的變化，孩子接受新事物的能力強，思想變化也當然比父母快。父母不僅要寬容孩子說時尚語言，而且也不妨向孩子學習一些「流行語」，經常在自己的語言中添加點「I服了You」、「東東」、「分特」一類的青春用語，這樣一來，不但使自己平添了許多青春氣息，也會使孩子眼前一亮，覺得老爸老媽並不似他們想像中那樣死板。

當語言交談上有了認同感之後，孩子自然在思想上也會認爲父母可以親近，可以「交心」，於是，就很容易地敞開自己的心扉，把自己內心的煩惱和疙瘩向父母傾吐出來，父母的建議也就會樂意地去接受。在這樣良好的溝通語境和條件下，親子關係難道不是更和諧嗎？

「新新人類」們的「反傳統」現象，不僅表現在語言上，還表現在服飾行爲上。在服飾上，「新新人類」們更敢於標新立異，他們似乎專門跟成年人「做對」，專門挑選那些能激怒老爸老媽的衣服：帶洞的牛仔褲、拆掉袖子的毛衣、怪異的腕表……以求抓住同齡人的「眼球」，拉開與成年人的距離。

在行爲上，最流行的就是「哈韓」、「哈日」風了。

在某中學上初二的男孩姜鐵，近來每天穿著肥肥的褲子，把頭髮染得「顏色怪異」，甚至還戴著耳丁之類的飾物，直折騰得媽媽連大驚小怪的力氣都沒有了。他的行爲越來越時尚：每天放學一回到家，就打開震耳欲聾的音響，跟著節奏蹦什麼「勁舞」、「街舞」。一到雙休日，就向媽媽要錢，說什麼要去參加「韓流音樂聚會」。

更離譜的是，在一個週末和一群素未謀面的「同道人」，到幾十公里外的機場迎接一個韓國明星。只是遠遠地用望遠鏡看了一下偶像的臉，就感動得熱淚盈眶，回到家興奮得一夜未眠。

對於「新新人類」們這些「反傳統」的極端地張揚個性的服飾和行爲，父母的寬容是十分必要的，父母應該冷靜——儘管孩子的穿著有些出格，但身為父母也曾經年輕過、時尚過。所以應該站在孩子的角度去為他們著想，因為他們認為這是一種時尚。

如果父母擺出一副「衛道士」的架勢，採取強制的手段，不讓孩子穿這，不許孩子戴那，除了刺傷孩子的自尊心，使孩子不合群，加寬親子之間的「鴻溝」之外，不會起到什麼積極作用的。

孩子成長的過程，也是一個學習和模仿的過程，他們對時尚文化最敏銳，奉為追求的目標，父母應該充分尊重孩子的文化選擇和文化愛好。在這個文化呈多元化發展的時代裏，全社會都給予了時尚文化以適當的位置，父母有什麼理由不能寬容孩子對時尚文化的偏愛呢？

不僅要寬容，父母還應該積極地鼓勵孩子，大膽去創造和開發健康的時尚文化觀念和方式，使孩子所喜愛的時尚文化，成為時代主流文化的重要組成部分。

父母應該相信，隨著孩子自身思想的不斷成熟，他最終也會放棄一大部分「新新語言」，但這需要一個瓜熟蒂落的過程，父母「強扭」不得。同時，將自己變成一個四十歲以上的「新新人類」，也是消除兩代「鴻溝」的一個不錯的嘗試。

教育名言

年輕人犯錯誤是可以原諒的，但要幫他們糾正錯誤，特別是違反社會道德和底線的錯誤，我們一定要徹底地幫他們改正過來，這是我們每個有良知的成年人應盡的職責。

5.早戀不是戀

所謂「早戀」，是指在當前社會標準下，早於一般戀愛年齡的戀愛。「當前社會標準」在每個時代、每個國家都是不同的。我們把十七八歲的中學生戀愛稱之爲「早戀」，我羅斯的法律卻規定，十五歲就可以結婚了，這又怎麼解釋呢？

從生物學角度看，所謂戀愛，其實就是動物到了發情年齡必然而至的發情表現，本無所謂「早」、「晚」。只有不該來時來了，或者該來時沒來，家長才該爲孩子著急呢！因此，在對待這個問題上，家長的正確態度是「來軟的，不來硬的」。

（一）絕不要疑神疑鬼。

在一些家長眼裏，如果孩子給異性同學遞「紙條」、寫「情書」、赴「約會」，甚至孩子還只是對某人有好感，就斷定他（她）戀愛了。其實，某些家長純屬自作多情、疑神疑鬼。

孩子表現均屬於正常的異性相吸現象，朦朧而稚嫩，離事實上的愛情還相差甚遠。這種異性吸引，每個發育正常的孩子到了十四五歲都會發生。他們覺得，自己和異性在一起時感覺特別愉快、舒服，這是一種性別的體驗，很正常。相反，青春期的孩子如果

「坐懷不亂」，就很令人擔心了。

這種朦朧，連他們自己也分不清是友誼還是愛情。外界一干涉，反而讓他們恍然大悟：哦，原來這就是「愛情」，結果早早地就定了性——既然在戀愛，那就得享受戀愛的「規格」：平時同來同往，偶爾一起同居也就「名正言順」了。家長原來的擔心反而成了事實。

既然如此，家長爲什麼對此不看淡一些呢——要知道，現在的在校大學生中已經流行開了「協議戀愛」：在校期間是戀人，畢業以後啥都不是。這時候的你還管得了嗎？不用你拆散，到時它自己就散了，因爲「盲目性」、「短暫性」本來就是「早戀」的主要特徵之一。更不用說，中學生經濟不獨立、心理不成熟、事業不定向、思想不定型，這些都註定「早戀」基本上都要失敗。

俗話說：「水滿則溢」。一個人生理成熟了，你不准他鍾情、不准她懷春，這是違背自然規律的。即使你認定他們是在戀愛，也要明確告訴他（她）：這是友誼而不是愛情。言外之意是說，你們要掌握分寸，不能因此影響學習，更不能因此享受戀人才有的「待遇」。

（二）適當參與孩子與異性的交往

最新調查表明，目前我國「早戀」的比例越來越高，初次確立戀愛關係的高峰期在十四～十六歲，平均年齡十四．五歲。「早戀」的原因主要有三點：一是由於環境因素（電視劇、言情小說）而引發了性興奮、性萌發，認爲愛就是一切；二是家長不關心孩子，孩子感到孤獨、空虛，於是只得移情於兩性交往，試圖從同齡人那裏尋找關懷；三是生理和心理方面的成熟。調查表明，家長關心不夠、家庭破裂的孩子戀愛比例最高。

懂得了這個道理，家長就應當多多關心孩子，如果可能，可以適當參與到孩子與異性的交往中去。提倡家長參與孩子與異性的交往，當然不是去和孩子搞「偵察與反偵察」，而是指出主意、提建議。

這時候的你就不是家長了，身份變成了他（她）的好友，能夠推心置腹、無話不說的閨中密友。俗話說：「不入虎穴，焉得虎子？」家長的這種身份轉變，不但不尷尬，而且還應當自豪。這從一個側面證明了你的家教是非常成功的。這時候的你還怕掌握不到第一手情報、說話孩子不聽嗎？

（三）引導孩子樹立正確的戀愛觀。

大多數家長禁止「早戀」的理由只有一條：年齡小，缺乏社會經驗，不知道可以和怎樣的人交往，「早戀」會影響學習。

應該說，站在家長的角度看，這理由是十分充足的。可是從孩子角度看，處在青春期中的他們既然春情萌動，那麼任何說教都是無濟於事的。就好比一個原始部落，附近有個深不見底的山洞，族長越是禁止人們去看，人們就越想去看個究竟。正常的性生理長期得不到排遣，光靠「禁欲」是解決不了問題的。

所以，聰明的家長不是禁止孩子「早戀」，而是「參與」其中，這樣才能把自己原來的所有擔心一掃而光。例如，一位女兒吞吞吐吐地對母親說，有件事情不知該不該對媽媽講。母親回答說，每個人都有自己的內心秘密，如果你覺得可以跟媽媽說，你就說；如果你覺得還是不說爲好，那你就獨守秘密。女兒想了想還是對媽媽說了：自己喜歡上了班裏的一位男孩，雖然他成績並不怎麼出眾，可是他的體育特棒，長得有些像劉翔。

媽媽首先感謝女兒對她的信任，然後顧左右而言他，不對此做任何評價，而是回憶起了自己中學時代的一則故事。媽媽說，她在讀中學時也愛上了一位男生。她覺得，這位男生就是自己今生今世的最愛了。所以當這位男生向她表達愛慕之意時，她毫不猶豫就答應了。

可是很快，她上課時無心聽講，腦海裏整天不知道在想什麼，學習成績當然很快就掉了下來。老師批評她、家長關心她，她自己也想把學習搞好，可是有口難言。她覺得這樣下去可不行，否則會毀了自己的，於是和那位男生商定，大家只把對對方的好感埋在心裏，高考之前絕不提起，這才是對對方的愛。

就這樣，他們後來雙雙考上了大學，天各一方。原來的戀情並沒有繼續下去，大家都覺得以前的一舉一動太幼稚了，遠遠沒有到「今生今世非你不嫁（娶）」的地步！後來，兩個人也都有了新戀人。大學畢業後，她才知道自己真正需要的是一個對愛情忠貞、有才華、會體貼人的丈夫，喏，這樣就認識了你現在的父親。

媽媽的故事講完了，女兒也對媽媽更信任了，因爲媽媽敢把自己的初戀故事講給自己聽，這使女兒大爲感動。同時，女兒從媽媽的經歷中也看到了自己的影子，知道媽媽喜歡怎樣的男孩，知道自己以後能夠依靠的男孩，應當具有什麼樣的優秀品質。

應該說，這位媽媽的教育方法很正確。不管她的初戀故事是不是編出來的，事實上，它在引導女兒戀愛觀的轉變上，起到了很大作用。更難能可貴的是，媽媽一句話也沒有提到女兒心儀的那位男孩，沒有對他作一個字的評價，既沒有說他好，也沒有說他不好。這很重要。要知道，不管說好說壞，實際上都對女兒的「早戀」起到了推波助瀾的作用。而現在媽媽偏偏不置可否，這是很高明的教育方式。

教育名言

戀愛除了給人在心理上的積極作用外，還可因男女雙方間情感上的交流及相關懷，而打破人與人的孤獨和疏遠感。

6.教孩子感謝父母的養育之恩

一九六二年，陳毅將軍出國訪問回來，路過家鄉，探望身患重病的老母親。陳毅進家門時，母親忽然想起了換下來的尿褲還在床邊，就示意身邊的人把它藏到床下。

陳毅見到久別的母親，上前握住母親的手，關切地問這問那。過了一會兒，他對母親說：「娘，我進來的時候，你們把什麼東西藏到床底下了？」

母親看瞞不過去，只好說出實情。陳毅聽了，忙說：「娘，您久病臥床，我不能在您身邊伺候，心裏非常難過，這褲子應當由我去洗，何必藏著呢。」旁邊的人搶過尿褲要去洗，陳毅急忙擋住說：「娘，我小時候，您不知爲我洗過多少次尿褲，今天我就是洗上十條尿褲，也報答不了您的養育之恩！」

說完，陳毅把尿褲和其他髒衣服都拿去洗得乾乾淨淨。陳毅將軍在百忙中抽空回家探望癱瘓在床的母親，爲母親洗尿褲，以關切的話語溫暖撫慰病中的母親。他的一片孝心，值得天下所有兒女學習和效仿。

然而，在當代「小皇帝」當家作主的環境裏，一些自我意識和獨立意識正在逐步增強的青少年卻認爲，父母爲子女做什麼都是天經地義的，他們不僅不會以一顆感恩的心去孝敬自己的父母，還總覺得父母「囉唆，小題大做，干預過分，就知道管我們，從不理解我們」。

因此，一些孩子對父母的態度十分冷淡，甚至還以飛揚跋扈、蠻橫霸道的態度，公開頂撞父母。其實，這些孩子都是沒有修養的人，當他們在埋怨父母嘮叨時，當他們嫌棄父母觀念太老舊時，當他們自以爲對父母的逆反是標榜自己的成長時，當他們在怨恨命運如此「不公」時……家長應該警醒了，別再肆意嬌縱孩子了，要讓他們知道感恩，而不是任由孩子狂妄下去，最終成爲一個無情無義的人。

樹高千尺終有根，水流萬里終有源。孝敬父母不僅是中華民族的傳統美德，也是先輩傳承下來的寶貴精神財富，更是爲人子女者應盡的義務和義不容辭的責任。家長應該告訴孩子，每個懂事的孩子都應該像陳毅將軍那樣孝敬父母，哪怕只爲父母換洗衣服，爲父母餵飯送湯，爲父母搽搽風濕油，按摩酸痛的腰背，握著父母的手，陪伴他們一步一步地慢慢散步……

孝敬父母，不僅是人類最原始、最本能的情感，也是一個好孩子善心、愛心和良心形成的情感基礎，更是良好人際關係形成的基本前提。

家長應該不停地告誡孩子，一個人如果連自己的父母都不愛，連孝敬父母、報答養育之恩都做不到，誰還相信他是個有愛心、有責任感的人呢？又有誰願意和他打交道呢？

早在一六二〇年，一些飽受宗教迫害的清教徒，乘坐「五月花」號去北美新大陸尋求宗教自由。他們在海上顛簸折騰了兩個月之後，終於在酷寒的十一月裏，在現在的麻塞諸塞州的普里茅斯登陸。

在第一個冬天，半數以上的移民都死於饑餓和傳染病。活下來的人們生活十分艱難，他們在第一個春季開始播種。爲了生存，整個夏天他們都祈禱上帝保佑，並熱切地盼望著豐收的到來，因爲他們深知秋天的收穫，將決定他們的生死存亡。

後來，莊稼終於獲得了豐收。大家非常感激上帝的恩典，決定要選一個日子來永遠紀念。這就是美國感恩節的由來。

感恩節是歐美大多數國家一個不折不扣的、最地道的國定假日。在這一天，具有各種信仰和各種背景的美國人，共同爲他們一年來所受到的上帝的恩典表示感謝，虔誠地祈求上帝繼續賜福。

但是，現代的青少年，只記得情人節的日期，卻沒有感恩節的概念。家長應該引導孩子心懷感恩，讓他們覺察到生活的美好。懂得感恩的孩子，人生才會有更深沉的愛與更灼熱的希望！

教育名言

學會感恩，要讓孩子有一顆寬容之心、仁愛之心、忠孝之心。這些歸根結底，就是讓孩子有一顆感恩之心。

7.感謝老師帶來的知識

一九三二年五月，華沙鐳研究所建成了，作爲贊助人的居里夫人，愉快地接受了祖國的邀請，到華沙去參加開幕典禮。

五月二十九日這天，華沙的著名人物都簇擁在居里夫人的周圍，他們中間有共和國總統、部長、著名的科學家，居里夫人的親人也在場。在典禮快要開始的時候，居里夫人突然從主席臺上跑下來，穿過捧著鮮花的人群，來到一位坐在輪椅上頭髮斑白的老年婦女面前，深情地握住了她的雙手，並親自推著她向主席臺走去。

回到臺上，居里夫人向大家介紹，這位老人就是自己中學時代的老師，她已經八十多歲了。見到這種情景，人們都激動地向她鼓掌，幸福的淚水掛滿了老人的雙頰，爲她的學生成爲世界名人後，對她還那麼熱愛，那麼尊敬而感到自豪。

世界著名的科學家居里夫人，在取得成就和受到別人尊敬時，卻始終不忘自己中學時代的老師，充分體現了居里夫人「尊師愛師」的高尚美德，也給家長教育自己的孩子留下了美談，做出了榜樣。

古語說：「一日為師，終身為父。」家長應該教育孩子，在人生的旅途中，無論一個人走得多遠、飛得多高，都不能忘記老師對自己的教育之恩，關懷之情，都要以一顆感恩的心去尊敬老師、愛戴老師。

感念師恩、回報師恩，歷來都被人們所崇尚，無論是古代魏照對郭泰的畢恭畢敬，還是近代魯迅對藤野先生的懷念之情，無一不為孩子們做出了表率，毛澤東則更是堪稱為孩子感謝師恩的典範。

毛澤東青年時代聽過徐特立先生的課。一九五九年，毛澤東回到了闊別三十二年的故鄉——韶山，請韶山的老人們吃飯。毛澤東親自把老師讓在首席，向他敬酒，表達自己對老師的敬意。當徐特立六十壽辰時，他特意寫信向徐老祝賀。信中說：「您是我二十年前的先生，您現在仍然是我的先生，將來必定還是我的先生。」

可見，「尊師則不論其貴賤貧富」，家長也應該教育孩子用自己的實際行動，寫好感念師恩的續篇，這樣才無愧於辛勤培養他們的老師。

然而，在現實生活中，有些孩子自認為自己已經成熟，便看淡了老師的引導作用。

他們對於老師講課的內容不屑一顧，見了老師擦肩而過不打招呼，如同不相識的路人，甚至給老師起外號等。

家長應該告訴孩子，對任何一位曾經指點過自己的人，都應該心懷感激和尊敬，更何況對一直默默地關心、愛護、教導自己的恩師呢？

因此，無論是小學、中學、大學時，還是已經走入社會、功成名就之時，除了要感謝父母和朋友外，對於那些辛苦培養過、教育過、發現和鼓勵過自己的老師們，都應該發出來自心底的感謝——感謝他們像園丁一樣用自己的心和手，栽種起一片果林，無論嚴寒還是酷暑，都辛勤地澆水、施肥；無論狂風還是暴雨，都悉心呵護幼苗的成長。感謝他們時時刻刻的關懷，在危險時伸出保護的雙手。

家長要經常給孩子灌輸師恩深重的思想，老師們不爲名利、不爲報酬、不爲自己，只爲千千萬萬的孩子能夠健康成長，只爲自己的學生能夠成才成人，雖似一燭微火，卻燃盡自己，爲學生點亮精彩的人生！這是一種非常偉大的人格，家長要教會孩子欣賞這種震撼人心的美麗。

當然，感謝老師的教育之恩不能停留在口頭上，也不能只在教師節當天送送禮物，這樣的感謝只是公式化的感謝。只有先端正了態度，從內心認識到老師職業的神聖偉大，認識到老師對於自己成長的巨大推動作用，並用實際行動和發自內心的關愛，來回報老師的教育之恩，才能塑造自己完美的人格和品質。

所以，每當時機到來的時候，家長都要告誡孩子一些感謝師恩的細節，比如說：無論是在課堂、課間、辦公室，還是外出行走、乘車、入座，學生都應施「弟子禮」，處處對老師進行禮讓，不可直呼其名或綽號，以維護老師尊嚴；在上課前，應主動幫助老師拿教具，做準備，擦黑板，搬作業本等；課後幫助老師送教具，整理實驗室等；對於老師的教誨，應端正認識，虛心加以接受，並且要表示感謝之意，不可不屑一顧，更不要當眾頂撞老師。

教育名言

我所具有的好的東西，都要感謝書籍……在我讀到書籍的時候，我是不能不受到深刻的感動、興奮和喜悅的。

8. 一個心靈的獨立空間

遲蕃女士的女兒彭芷，是一個正讀初二的十四歲的女孩。有一天，彭芷突然強行「霸佔」了家裏一間閒置的小屋，並在小屋的門上貼上「告示」：

「早上八：〇〇之前，父母不得入內，晚上七：〇〇～十一：〇〇，家長不許打擾」，並著重強調「有事請敲門」。

遲蕃夫婦對女兒的做法非常不理解，埋怨說「孩子大了，不好管了」。

像彭芷這樣突然間行為怪異的孩子，在步入青春期的孩子中，是一個很普遍的現象。這其實是他們心理發展到一定階段的一個獨特的外在表現。

雖然每個孩子都有自己的特定的奇怪行為，但是，他們最終的目的卻大同小異，就是想有一個屬於自己的心靈獨享的空間，找一個僅僅屬於自己的地方，這是少男少女共同的渴望。

如果你見過蠶蛹化蛾的過程，對孩子的這種心理特徵就不難理解。蠶蛹在變成蛾前，有一段時間是「作繭自縛」，把自己關在一個很小的空間裏「獨處」一段時間。毛蟲化蝶的過程亦是如此。

同樣，孩子在一定年齡，閉鎖心扉，把自己關在一個「心靈小屋」裏，是他們走向成熟，「化蝶而飛」的必經階段。孩子青春早期自我意識迅速發展，他們強烈要求獨立思考問題、認識世界、評價自己，要求家庭和社會承認自己的獨立地位，更要求觀念獨立、行爲自治。可以說，追求獨立、確立自我，是孩子這一時期自我意識的主要特點，心理學家霍林沃思將此稱之爲「心理斷乳期」。

「心理斷乳期」是孩子脫離父母的監護，成爲獨立人的必經過程。孩子呱呱墜地，標誌著脫離母體的解放，隨後的生理上的斷乳，便與母親身體的聯繫切斷了。但是在心理方面，孩子與父母仍然聯爲一體。

這個時期的孩子需要父母與成人的保護，他們表現出對成人較大的依賴性。但是隨著年齡的增長，孩子總在嘗試從依賴於父母的心理關係中獨立出來，成爲一個獨立的社會人，這時他們就必須進行心理上的「斷乳」。

所以，心理上的斷乳，必須在精神的一切方面從父母那裏獨立出來才能完成。以心理上的斷乳爲基礎，孩子的獨立性和社會性發展才能完成。「有事請敲門」，正反映了孩子讓自己的獨立人格受到尊重的合理要求。

因此，從心理學的層面分析，孩子進入自己的「心靈小屋」，閉鎖心扉，說明他們正處在心理斷乳期，意味著孩子將要長大，將要走向獨立，父母應當高興才是，而不是埋怨他們「不好管了」。

在這個時期，做父母的就應該讓孩子有一個自己的「心靈小屋」。如果條件允許，就給孩子提供一個獨佔的房間。即使房間不夠，也應盡可能創造讓孩子擁有自己獨享「心靈空間」的機會。

許多父母會說，我們只是對孩子不放心呀！確實，孩子正值心理斷乳的初期，是由青少年期向成人期過渡的半成人、半青少年的時期，心理上存在著成熟與幼稚、獨立性與依賴性的矛盾和衝突。這一時期無疑是孩子心理發展歷程中一個「多事的季節」，的確會有不少麻煩。

但是，父母如果回顧一下孩子生理上的斷乳，不是也有不少暫時的麻煩嗎？但是又有哪一個父母因爲這暫時的麻煩，而讓孩子永遠噙著媽媽的乳頭呢？誰都明白孩子總要長大！既然如此，爲人父母者爲何不以同樣的遠見，來對待孩子心理上的斷乳呢？

能夠獨享一塊心靈綠地，不要任何人來涉足，這是一個心理健全的人的基本心理需求。孩子長大了，自我意識覺醒了，有了獨立的人格，就應該有一塊僅屬於自己的天地。父母把這方天地永遠地留給孩子，讓他們自己做主、獨自享有，才是對孩子最深刻、最博大的愛。也許孩子的「不許打擾」，「不得擅自入內」的措辭不夠禮貌，但是，當孩子心靈獨享的時候，明智的父母理應尊重孩子，不輕率地去驚擾孩子的「心靈小屋」，讓孩子真正體驗到「我的成長我做主」的自由。

教育名言

心靈有它自己的地盤，在那裏可以把地獄變成天堂，也可以把天堂變地獄。

第三章
讓孩子鍛煉生存本領的7個細節
Part 3

1.行將遠，必作於細

報載，某地一位十五歲的中學生，家長從來不許他做家務，只要求他把所有精力都放在學習上，結果他眞的做到了——不但學習成績非常優秀，還多次榮獲市級數學競賽冠亞軍。爲此，全國某重點大學看中了他，準備提前破格錄取他。

可是他和家長再三考慮後，最終還是放棄了這個在別人眼裏求之不得的好機會。因爲他們擔心，孩子不具備起碼的生活自理能力，一個人在外地學習會不適應！

一項調查表明，目前我國城市家庭的獨生子女，從來不做家務勞動的孩子佔10％，日均家務勞動時間在一～十分鐘的佔47％，十一～二十分鐘佔27％，二十一～三十分鐘佔12％，三十一～六十分鐘佔3％，六十分鐘以上佔1％，平均時間爲十一分鐘（同一指標，美國爲七十二分鐘、韓國爲四十二分鐘、法國爲三十六分鐘）。

沒有家務勞動的孩子，動手能力就會很差，這並不能怪他們懶，關鍵在於家長不給機會，沒有讓他們養成習慣。中學生的日常生活自理能力，主要包括吃飯、睡覺、洗漱、日常穿著、整理房間等自我料理能力，以及最基本的燒菜、煮飯、洗衣、洗碗等家務勞動。前者是跟著自己走的，不管你到哪裡，這些都要自我料理；後者是爲家人和自己服務的，也是一個人獨立生活的最基本要求。

有鑒於此，家長可以根據孩子的年齡特點，給他們分配一些力所能及的家務勞動，最好有明確分工，以此來培養他們的勞動習慣、掌握一些簡單的家務技能，進一步培養責任心和義務感。

中學生的學習固然重要，但除非是即將迎接考試，否則，從事力所能及的家務勞動，絕不是影響學習的理由。

（一）家長要善於調動孩子做家務的積極性。

有些家長也注重讓孩子做家務，至少是曾經這樣試過。可是由於不懂得技巧，孩子一句「不高興」，就讓他沒了轍。調動孩子做家務的積極性，方法很多，但最主要的是根據中學生好勝心強的特點，適時在孩子面前炫耀一番，以激發他們學做家務的欲望。最差的辦法是用命令口氣，對他們指手畫腳。

例如，在包餃子時，你就可以在孩子面前自吹自擂：「你看媽媽上次包的餃子多好吃、多『酷』！」由於中學生的好勝心強，聽了你的挑戰，很可能就會「上當受騙」：「看一看我包的，不比你差！」乖乖地過來一起包餃子了。

（二）掌握指導孩子做家務的技巧。

別看家務勞動簡單，其實學起來還是有講究的。家長在指導孩子做家務時，應當有相應的教學技巧。技巧掌握得好，孩子學起來就快、動作就標準、品質也更高。比如說：當孩子需要家長的指導和幫助時，家長不要招之即來，而應當慢一拍。做家務遇到困難，正是孩子學做家務的好時機。經常有這樣的情形：一開始他們還哇哇大叫，可用不了幾分鐘事情就解決了。這和解題的原理是一樣的，讓他們動動腦筋有好處。

如果家長非得指導孩子做家務不可，要牢牢記住，你的目的在於指導，而不是完全代替他幹活。所以，只要點到爲止，把最需要你幫助的事情解決了就行了，否則他永遠學不會。還有，家務勞動一般都是通過言傳身教方式學來的，很少有專門的輔導教材。而中學生最大的特點是擅長看書、做題。家長在做家務或指導孩子做家務時，要注重對他們進行現場解說，告訴他們各項家務勞動的要領何在。

爲了調動孩子做家務勞動的積極性，家長也可以和他們一起做。尤其是比較繁重的家務，請他們「幫幫忙」便是一個好理由。說是請幫忙，實際上是讓他鍛煉鍛煉，但這比直截了當地說效果要好得多。而且一起勞動，既可以培養協作精神，又可以融洽親子關係。

（三）教會孩子一些必要的家務勞動竅門。

比如用電鍋煮飯，在煮飯的水裡加幾滴沙拉，可以使米飯粒粒晶瑩；滴幾滴檸檬汁，可以使飯粒柔軟；撒一點鹽，煮出來的飯蓬蓬鬆鬆；加一點醋，能夠防止米飯變餿。熱剩飯時，在蒸鍋水中加少量鹽，可以去除剩飯的異味；如果是陳米，應當多淘幾遍，浸泡半小時至一小時後再通上電源；在煮飯的水中滴少許植物油，開鍋後用筷子稍加攪拌，會有利於讓陳米的氣味隨油氣蒸發殆盡。

如果遇到夾生飯，也有許多補救措施：如果全部夾生，可以用筷子在飯內紮些直通鍋底的小孔，加適量溫水重燜；如果局部夾生，就在局部夾生處紮眼，加水再燜；如果是表層夾生，可以把表層翻到中間，加水再燜。也可以在飯中加兩三小勺米酒，拌勻再蒸。

做一些其他家務勞動也有不同的竅門，比如，煮餃子的時候爲了要讓盛在盤子裏的餃子不沾，可以在煮餃子時加一些適量的鹽；蒸饅頭時，爲了饅頭的口感更加鬆軟清香，可以在和麵時加一些牛奶，告訴孩子們，只要留心，生活處處皆有學問。

總之，家務勞動是一個人走向社會所需的基本能力。許多家長上小學時就會做全家的飯菜了，可現在的孩子高中畢業還不行，甚至從來就沒有煮過飯、燒過菜（哪怕是最簡單的菜）。許多家長還認爲，孩子只要學習好就行了，做不做家務無所謂。其實，做家務與學習不但不矛盾，還能相互促進。因爲一個人對勞動有沒有興趣，將會影響他的一生。研究表明，不管孩子出生在怎樣的家庭環境，從小喜歡做家務、熱愛勞動的孩子，中年以後特別能幹，工作成就更大，生活也更美滿。相反，從小好吃懶做、好逸惡勞的人，成年以後多不能吃苦，成績平平。

教育名言

天下難事，必做於易；天下大事，必做於細

2.物競天擇，適者生存

自從人類告別了茹毛飲血的時代，已經逐漸淡忘了「物競天擇，適者生存」的殘酷，取而代之的是越來越舒適的生活，人們躲在智慧的堡壘裏，早就不再與自然爭奪生存空間。但是，文明讓人類進化的同時，也剝奪了人類作爲一種生物的最本質的生存能力。科學研究已經表明，現代人類的骨質，遠不如遠古人類的那樣堅硬，儘管現代人的平均壽命要比當時人類高出幾十年。

現在孩子的生活優越，這使得孩子養成了不勞而獲、坐享其成，不珍惜尊重別人的勞動成果，對別人缺乏團結互助、交流溝通的能力。家長要讓孩子們多看一些富有教育意義的革命先輩爲國奉獻的影片、書籍，讓他們在革命先輩的革命事蹟中學會感動，學會自力更生、艱苦奮鬥的社會現實意義，或者有條件的話，可以領著孩子到一些革命老區或者體驗一次野外訓練的活動，鍛煉孩子的人格魅力。

在西方發達國家，家長都十分重視培養孩子的自理能力和自強精神。發達的市場經濟環境，要求每個人都具備這種能力和精神。家長如果意識不到這一點，是令人難以想像的。可是在我國，最普遍的情形是，孩子在家裏不做任何家務。有時孩子在學校打掃

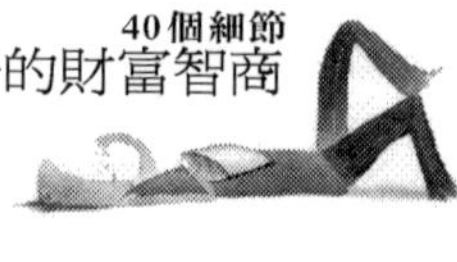

衛生，也由家長包辦代替，放學回家時，書包也由家長背著！

不可否認，我們的學校教育和家庭教育正在逐步遠離大自然，這是需要正視的。家長應當明白，任何遠離大自然的教育，都是不完整和不健全的。爲了彌補這個缺憾，家長很有必要讓孩子離開城市呵護的堡壘，在自然中體驗生存的本質。

現在的孩子，基本上都生活在家長視線的嚴密監視下。只要稍微有一點點冒險行爲，就會受到家長的警告和制止。這種風平浪靜、沒有一點驚險刺激的生長環境，對孩子們的身心健康而言，並不是福音。一方面，它使得生活過於單調乏味，很難在腦海中留下深刻記憶；另一方面，它讓孩子缺少一種獨特體驗，沒有在應急狀態下進行判斷、決策、行動的鍛煉機會。

我們不得不承認，我們的孩子——尤其是城市的孩子——正在「退化」，在「天擇」方面步步後退。有遠見的家長，應當努力創造機會，遏止孩子的這種「退化」行爲。

曾有一篇報導，題目就叫「城市的孩子在退化」，敘述的是某少年軍校的暑期生活，讀來令人十分感慨。

午夜時分，少年軍校的小學員們在一陣警報聲中從睡夢中驚醒，緊急集合到軍校操場上。聽說要進行夜間觀察和潛聽訓練，孩子們個個摩拳擦掌，顯得異常興奮。

教官問：「大家聽到什麼聲音了嗎？」孩子們眼睛瞪得溜圓，耳朵直豎著，竭力捕捉夜幕中傳來的光影和聲響。然後是齊聲高喊：「沒有！」教官命令大家：「往遠處聽。」這時，在場的大人們都聽到了，遠處分明有拖拉機的「突突」聲。聲音雖然微弱，卻很清晰，可孩子們還是說什麼也沒聽見。

教官急了：「大家集中精力，有一輛拖拉機，聽到沒有？」這下沒人吭聲了。因為這些生活在城市裏的孩子，有的根本就沒有看見過拖拉機，當然也就不知道拖拉機的聲音是什麼樣的。更多的孩子則是從來沒有過聆聽遠方聲音的體驗，當然也就沒有遠聽覺意識。後來，教官不得不一再啓發引導，終於大部分孩子能夠「聽到」聲音了，但仍然有些孩子說「聽不到」。

如今，現代科技日益發展迅猛，雖然給人類生產、生活帶來很大的便利，但也不能否認，這些高科技使孩子們一些本能的東西，正在退化甚至是即將喪失，使用電腦打字，卻讓孩子提筆忘字，難以重負的學習，讓孩子們變成一個個「小胖墩」，現在實行的義務教育方式，很大程度上束縛了孩子的個性發展和創新能力。

家長和老師習慣將孩子比作還未長成的樹苗，總說如果不加以扶持，小樹苗就不會成才。但是卻往往忽略了它的另外一面，如果總在它乾渴的時候及時澆水，總在它需要營養的時候及時施肥，那麼即使它長大了，根也不不會紮得深，很難適應嚴酷的自然環境。

只有華山絕頂峭壁上的山松，在雪壓霜打的時候，才能向所有生物昭示，什麼是眞正的適應，什麼是眞正的生存。

✐ 教育名言

凡是天生剛毅的人，必有自強不息的能力，也就是生存的本能，掙扎圖存的本能。

3.野外生存體驗

讓孩子到野外體驗一次特別的生存方式，不僅僅是鍛煉他們的生存能力，更重要的是培養激發他與同伴團結合作的潛能。比如，學校或其他一些社會組織，可以在暑假期間，組織學生參加一次野外訓練營，以增強孩子這些方面的能力。

從生存能力來看，現在的孩子大不如以前。出現這種變化，關鍵還在於家長不重視、捨不得讓孩子鍛煉。

從某種意義上說，現在城市中正在興起的從事野外運動的休閒時尚，正是過去「野營訓練」的翻版。既然目前沒有哪所中小學舉行野營活動，那麼家長有機會和孩子一起參加一些這樣的野外活動，多少也能起到開闊眼界、鍛煉孩子生存能力的作用。

例如在廣州，目前規模較大的野外運動俱樂部有十多個，會員上萬人。只要體驗過露營的樂趣，每個人就都會像追逐愛情一樣追逐這份鍛煉。這種露營活動大抵有兩種方式：一種是休閒式的，說穿了就是到一個山清水秀的地方，一邊露宿，一邊欣賞大自然，追求的是輕鬆愜意；另一種則是鍛煉式的，就是「與天地鬥，其樂無窮」。

每位參加過露營的家長和孩子，對此都是津津樂道，有說不完的感受和故事。許多家長也希望孩子有機會參加一些這樣的活動，可是總擔心孩子嬌生慣養，平時沒有經歷過這種「苦日子」，擔心他們適應不了。其實，作爲一名中學生，家長完全不用擔心他們的野外生存適應能力，再苦再累也不會比平時在學習上追求一百分難。

許多案例表明，他們的適應能力完全出乎家長意料，而且年齡越小、適應能力就越強。家長那一輩人對他們有錯誤印象，就是家長過分嬌慣寵愛孩子了。

既然要鍛煉孩子的適應能力，那麼每次露宿至少要能做到：生營火、從煮速食麵開始的野外烹飪、基本結繩與繫索技術、就地取材用天然資源如樹枝樹葉等建造基本篷舍、學會在野外淨化飲用水、在野外尋找食物等基本求生技術。除此以外，還應當學會掌握基本的地形學（如何看地圖、辨別方向、測距等）、導航等技術。

只要孩子們拿出一點點平時學習上的刻苦精神，就沒有必要擔心他們不會享受到用馬口鐵器皿在營火上烹煮食物、用睡袋在草地上席地而眠、觀看天上北斗星的樂趣。

除了參加學校和社會統一組織的各種活動外，家長還很有必要和孩子一起從事其他帶有冒險性的行爲。這樣做的目的是爲了「放虎歸山」，讓孩子瞭解大自然、回歸大自然、在大自然裏學會生存的本領。

某年暑假，正當其他家長都在紛紛籌畫帶孩子去哪裡玩的時候，一位家長突發奇想，決定帶剛剛讀完初三的兒子去西雙版納的野象谷探險。抵達保護區野象谷的時候，正是下午二點。放眼四周，到處是以前只在電影裏才能見到的熱帶叢林。看著周圍那些遮天蔽日的樹木，東奔西突的巨大藤蔓，以及聽著此起彼伏的各種蟲鳴和動物叫聲，既令人興奮，又感到緊張。似乎這裏的每一塊石頭都保持著警覺，都在盯著他們這群入侵者。

生活在大城市裏的他們，內心充滿恐懼。嚮導告訴他們不用怕，因爲這裏最可怕的是野象群。雖然野象隨時隨地都會出現（事實上，到了野象谷，看不到野象群才遺憾呢），可是只要保持遠距離，不去攻擊它們，它們就不會主動攻擊人。這些野象憑藉著超聲波，在二十公里以外就能彼此進行聯絡。而且它們還有複雜的記憶，頭腦中存有每種和它打過交道的生物的「犯罪記錄」。

事實證明了這一點。當他們走了一段路以後，忽然發現背包裏的香蕉被跟在後面的大象吃了個精光。也許是野象沒有翻到他們的「犯罪記錄」，也許是「吃了人家的嘴

軟」，總之並沒有傷害他們。

晚上，他們不得不住在依樹而建的樹上旅館——那些五顏六色的、掛在樹上的小房子。上面有床，也有電話，各種生活設施齊全。各個房子之間可以通過樹上的空中棧橋走來走去。雖然安全，可是他們仍然擔心得一夜沒睡。

有了一次這樣的經歷，他們父子倆都感到，這是他們有生以來度過的最有價值、最刺激的一段時光

中學生的生存能力比學習能力更重要。許多到國外留學的中國學生最有體會，他們在國內習慣了猜題和揣摩老師意圖的訓練，到國外後最薄弱的不是學習能力，甚至不是外語能力，而是生活能力和決策能力。遇到自己必須獨立做論文和做研究時，他們就頭痛無比。

生存能力表現為對艱苦環境的適應能力，以及面臨困難時擺脫困境的能力。讓孩子經歷一次風餐露宿，是鍛煉和培養孩子生存能力最簡單、最有效的辦法。生存能力的訓練，不但不會影響學習，而且會對學習有促進作用。這種訓練，可以培養他們坦然面對困難，並想方設法解決困難的能力和經驗，非常有利於增強孩子的智慧。

因此，我們的家庭教育觀念和方式都有待於改進。教育應該有利於孩子生存能力的培養，應當在家庭教育中給予重新認識，因為這是人類生活的基本能力。

教育名言

人們有時可以支配自己的命運，若我們受制於人，那錯不在我們的命運，而在我們自己。

4.別把青春當賭注

如果一個女孩眞心愛一個男孩，就會運用智慧、設法不讓他輕易得到自己；如果一個男孩眞心愛一個女孩，就不會簡單地把愛理解爲性關係。家長不准孩子在外過夜及異性同居，這是青春期教育的底線。有鑒於此，家長應當告訴孩子，怎樣拒絕這「第一次」。尤其是女孩，不但不能讓男孩接觸性器官（「接觸」就意味著即將「進入」），就連接觸第二性徵也不行（否則就會得寸進尺）。

在目前，我國城市的婚前性行爲比例超過50％、一些大城市超過80％的大環境下，家長要嚴禁中學生發生性行爲是很困難的。家長既然不能天天盯著孩子，那麼就應當退而求其次，嚴禁他們擅自在外過夜。對孩子提出的有正當理由的在外過夜，也要進行「核實」。因爲目前一些城市尤其是車站附近，經常有不用登記身份證、專門在週末給學生異性同居提供方便的旅館。在這條底線以上，家長要做的工作有：

（一）向孩子傳授避孕知識和性病防治知識。

一般來說，當人們聽到少女懷孕後，脫口而出的總是抱怨當事人，「怎麼這樣不小心」？總是責怪學校和家庭沒有教會他們怎樣避孕，而不是指責少男少女「偷吃禁果」，這和專家們的觀點是一致的。

性學專家們認爲，少男少女之所以會發生性行爲、女生之所以會意外懷孕，原因在於家庭和學校都沒有盡到責任，沒有教他們如何正確避孕。所以說，要論責任，責任主要在家長和老師身上，而不是這些孩子。

從本質來看，「性」是與生俱來的，並沒有善惡之分。所以家長一定要堅持這樣一條原則：在性知識的傳播上無微不至，在性道德的灌輸上無爲而治。也就是說，要承認並尊重中學生的性衝動，相信他們的判斷力，不說好，也不說壞。

例如在瑞典，孩子在讀小學時，老師就給他們講解避孕知識了。多年以前，該國首腦就驕傲地向世界宣佈：「我國已經根本杜絕了少女懷孕的問題。」請想像一下，這是多麼巨大的社會進步！

與避孕知識相似的是性病知識。向中學生普及這方面的知識非常重要。從世界性病高發區來看，無一例外都是教育落後地區，這就是一個有力的證明。在歐美等國，愛滋病發病率逐年降低，主要得益於他們在大中小學裏開展的性教育。

有些家長也許會擔心，孩子本來什麼都不知道，什麼也不敢做，現在你教會了他們如何避孕，他們會不會變得肆無忌憚起來？一般來說，就個別人而言，這種擔心是完全有可能的，但是從整體上看，這種擔心是多餘的。因爲不論你是否教他們避孕，他們的性衝動依然如故。

（二）女孩要格外謹慎教育。

有人認爲，「生兒子的成本高，生女兒的風險大」。這裏的「風險」，主要就體現在青春期階段。按照我國的傳統道德規範，戀人間的親密行爲至多限於接吻、擁抱、依偎、愛撫這一步，從來就不包括性行爲。只要一發生性行爲，其他人——尤其是女方的家長——就會指責其傷風敗俗、道德敗壞。由於女方「吃虧」了，所以一切責任都得由男方來負。

然而最新調查表明，在婚前性行爲——尤其是少男少女同居中，超過一半比例是女方半推半就、點頭默許，甚至首先提出來的。所以，家長有必要首先教育好自己的女兒「獨善其身」。

追求新潮在女孩們眼裏，敢於同居是一種時髦、一種勇敢。調查表明，在發生性行爲的中學生中，半年內多次發生性行爲者超過一半。更有些女孩認爲，性行爲是戀愛的必然結果。既然遲早要走這一步，同居有利於早日確定戀愛關係。還有些家庭家教很嚴，於是孩子想通過「生米煮成熟飯」造成既成事實，抗拒他人、尤其是家長的種種阻撓。

應當指出的是，少男少女同居確實能給雙方帶來許多問題，但這種性行爲還不能說是性混亂，更不能輕描淡寫地把它歸爲傷風敗俗。重要的問題是教育孩子，尤其是家長要教育好自己的女兒。

家長有必要給女兒提供一些關於婚姻關係的早期教育，指導她們掌握明智選擇終生伴侶的技巧，向她們強調對婚姻作出長久承諾的重要性。這是她們將來建立穩固的一夫一妻制的有力保證。

但是，現在中學生熱熱鬧鬧過情人節，已經成爲校園裏的一道景觀，具體活動內容都是瞞著家長和老師進行的。對此，家長應該儘量持寬容態度。如果要想強行說服她們，效果可能適得其反。

家長應該明確地向女兒說明，如果碰到道德敗壞的男生玩弄了女孩的感情，由於沒有「結果」（缺乏證據），吃「啞巴虧」的往往是女生，即使對方願意負責，到時候也一般無力承擔其後果，通常都是逃之夭夭或不了了之，惟獨剩下女孩向隅而泣！

（三）將愛情和生命真正聯繫在一起

中學生中的性行爲比例大約占3％，他們在初次發生性行爲時，90％不用保險套，他們100%是瞞著家長和老師偷吃禁果的。「偷」的嚴重性不言而喻，由此導致的少女懷孕在所難免。

二○○三年二月十七日，中國第一家爲少女意外懷孕提供援助的重慶市青少年意外懷孕緊急避孕援助中心成立。半個月內就接受了三百多名少女的現場諮詢，並爲其中的二十名十六歲以下少女，實施了免費緊急避孕和終止妊娠手術。

他們接待的第一名被援助者是一位十七歲的少女，已經有了三個月身孕，可是自己卻渾然不知。由於最近經常噁心反胃，才被母親察覺。這位女孩的母親坦率地說，這怪自己的教育方式有問題，希望女兒能將這件事當作一個教訓，而不是恥辱。

總的來看，家長通常在「出事」以後才會重視對子女的性教育，而學校教育也通常只講學生已經知道的，而不是他們所關心的。一份調查表明，有85%的女中學生不能識別子宮、輸卵管、卵巢的正確位置，更不瞭解女性排卵與生育之間有什麼關係。

不少女中學生面對懷孕胎動，想當然以爲是腸痙攣，自作主張服用止痛藥品。通常她們並不清楚自己是什麼時候受孕的，等到發現懷孕時已經爲時過晚。再加上遲遲不敢告訴家長，就很容易錯過人工流產的最佳時機。

即使及時做人工流產，同樣也可能隨時出現各種嚴重的併發症，如引起大出血、子宮穿孔、感染等，嚴重損害身體健康甚至有生命危險，並且可能留下後遺症，如生育時難產或引發不孕、甚至不能生育等。

因此，將孩子的朦朧愛情和生命緊緊關聯起來，確實是家長和老師教育的重要任務。

教育名言

青春是美麗的，但一個人的青春可能平淡無奇，也可以放射出英雄的火花；可以因虛度而懊惱，也可以用結結實實的步子，走向光輝壯麗的成年。

5.危險不是一種傳說

孩子們的生活空間並不是眞空地帶。面對突然而至的大自然或人爲的災難，你已經教會孩子沉著、鎭靜、臨危不亂嗎？你的孩子是否已經具備基本的自救互救知識？

人的生命是最可貴的。養成自救自護的習慣，是我們對自己孩子負責的最好行爲。可是，當代的青少年的自救自護意識卻是非常薄弱的。

北京市青少年法律與心理諮詢服務中心爲考察青少年的自護意識，曾做過一次試驗。他們以若干名學生爲對象，當家裏只有學生一人在家時進行敲門試驗，通過多種藉口，比如：查煤氣表、修理電器、檢查供暖設備等，都敲開了這些學生的家門。

生活中，家長和老師要隨時引導孩子，養成自護自救的好習慣，但這並不是以暴抗暴。保護有兩個層面的意義，第一，通過司法體系提供一系列的保護措施；第二自護自救。

一些孩子錯誤地認爲危險只是故事裏的情節，在光天化日之下、朗朗乾坤之中，危險好像是夜裏遊蕩的老鼠，不會接近他們的現實生活。對此，家長和老師要找機會教育孩子，危險像疾病一樣，總是在你最忽視的時候，突然出現在你身邊，如果平時沒有足夠的準備，等到意識到「狼來了」的時候，一切悔之晚矣。

具備一定的自救能力是非常必要的。很多情況下，隨著孩子年齡的增大，在社會上都是以個體的身份出現的——自己到學校去上學，自己到商場去購物，自己到電影院去看電影……在這種情況下，誰來保護孩子？傷害在孩子身邊隨時都可能發生，如果他們自己沒有保護意識，把自己生命的安全完全交付給社會或別人，那豈不是太可笑了嗎？

在家中居室內活動，還有許多看起來細微的小事值得家長注意；否則，同樣容易發生危險，如防磕碰、防滑、防摔、防墜落等。

陳思路是某中學的高中學生，一九九九年十一月八日的下午三點，陳思路正在復習功課，父母在休息，這時有人敲門說要查水錶。聽到敲門聲，陳思路想也沒想，幾步跑到門前，拉開了門。

沒想到，一把烏黑的槍口頂住了他的頭。兩名刑滿釋放的歹徒，持槍入室搶劫。幸好，陳思路的父親是員警，他首先跟犯罪分子肉搏起來。看到父親動了手，陳思路也抓起一把水果刀向歹徒刺去，卻沒紮中，歹徒用槍把打破了他的頭。

陳思路又去撿父親丟給他的一把菜刀。歹徒趁機用槍頂住了他的頭開了一槍，萬幸的是這一槍沒有擊發！陳思路一刀砍在歹徒的頭上，由於用力過猛，連刀都拔不出來了！他又和母親一道，制服了另一個歹徒。

激烈的搏鬥中，他的父親受了重傷，陳思路也受了輕傷。其實，陳思路家這場肉搏戰完全可以避免，方法也非常簡單，就是陳思路在開門時，應有所警覺，一旦發覺情況不對，不開門就是了，或告知大人或報警，不給犯罪分子以可乘之機。

遇到壞人是對青少年自我保護意識的一個嚴峻考驗，一個自救意識強的人，在犯罪分子僞裝時可以戳穿他；在犯罪分子兇相畢露時，敢於與他進行以最終生存爲目地的鬥爭。而對於一個自救意識差的人來說，遇到壞人之時，就是自己的權益受到侵害之日，甚至還要付出生命的代價。

老師和家長一定要做好未雨綢繆的工作，不要等到「亡羊」後才想起「補牢」。首先要讓孩子遇到歹徒時，千萬不要驚慌，被抓住時要大聲喊「救命」，並盡力拼命掙脫，儘量迅速跑到人多的地方，有可能的話應在第一時間向員警求助，此時也是最容易逃脫的時機。如果萬一被抓上車或其他交通工具，千萬要保持鎮靜，不要吵鬧，以免激怒歹徒而使自己受傷害，儘量記住車子所經過的道路、地點和有特點的建築物。最關鍵的是要努力記住歹徒的相貌特徵，但不要當面表示認識或認出他，以免會引起歹徒的戒心，這樣也會在獲救後的第一時間裏，給警察人員提供重要的線索，能讓他們早日抓到歹徒。

如果歹徒問起家裏的電話及父母的姓名，要儘量配合滿足他的要求，並在可能的情況下，迅速與外界取得聯繫，以儘快求助相關的社會力量救援。

此外，女孩子還要特別注意，上下學、遊玩、購物要結伴同行，不要單獨一人。在女兒外出時，父母必須明確地知道她們的行蹤，並嚴格掌握女兒返家的時間，尤其在晚上。父母還要告訴女兒，對駕車問路的陌生人，自己要與車子保持一定距離。還有很關鍵的一點，家長要管教女兒儘量避免涉足娛樂場所，遠離那些不可避免的危險。

現有的「應試教育」體制，在一定程度上阻礙著青少年自護自救教育進入正規教育系列。對學校來說，對青少年的自護自救教育，不是考核和檢驗其教學業績的內容，學校的標準只有一個，就是升重點、上大學，其他都不重要。所以，學校很難把這個問題當做一個教學任務來進行。

在一次中日青少年海上夏令營裏，到了船上，中國學生做的第一件事是找餐廳，而日本學生第一件事是看安全門在哪裡。事情雖小，卻反映出兩國學生對自己生命的重視的差異和對人生的態度。中國學生首先想到的是餐廳，吃是第一位的；而日本學生卻去找安全門，生命是第一位的。

一些已開發國家（美國、英國、日本）對青少年進行自護教育，在學校裏是非常普及的，從小學到中學都有相關的課程。以日本爲例，日本是青少年自殺率非常高的國家，所以，他們對生命的教育也是比較重視的，他們有一門課，就是組織小學生到太平間裏去感受死亡的情景，以加強學生對生命的認識，另外，日本也是一個多災的國家，防地震、防火、防原子彈的演習，差不多每月就有一次。由於重視，日本青少年表現出來的自我保護意識就比較高。

對自我保護沒有深刻認識，就要付出代價。記住，危險並不是一種傳說。

✐教育名言

最能顯示出一個人智慧的是，能在各種危險之間作出權衡，並選擇最小的危險。

6.時刻在孩子身邊的殺手

據統計，第一次世界大戰，二千萬人喪失生命；第二次世界大戰，又有三千六百萬人化爲硝煙；然而，一個更爲殘酷的事實卻被人們忽略了，那就是自第一輛汽車問世至今，已有四千萬人慘死在那些飛旋的車輪之下。

據交通管理局統計，近幾年來，我國因交通事故造成的死亡人數，已經相當於一個縣城的人口數；每年受傷的人數，更相當於一個中等縣城的人數；更爲可怕的是，全國平均每六分鐘就有一人死於車禍，每一分鐘就有一人在車禍中受傷……

然而，即使是在這些血的教訓、令人震驚的數字面前，多數人仍然是不以爲然，似乎那只是別人的事，與自己無關，似乎悲劇永遠不會降臨在自己的家庭身上。尤其是一些少年朋友們，更是覺得那只是大人的事、司機的事，自己只是騎車、坐車或走路而已，根本不用擔心那麼多。正是在這樣的麻痹大意中，悲劇在全國各地屢屢上演……

在離一所學校不遠的地方，突然傳來一聲急促的剎車聲，原來是一位從學校騎車回家的女學生，險些被路上行駛的一輛公車撞倒，幸好，公共汽車及時剎住了車，否則後果很難設想。可就是在剎車的一剎那，危險即將面臨這個女學生的時候，這位女中學生顯得竟如此的「鎮定自若」，好像剛才的危險與她豪無關係，顯得面無表情，無動於衷。

的確，現在不守交通規則、隨意破壞交通秩序的人比比皆是，特別是上下班高峰期間，一些在校放學的中小學生，面對車流如織的各類機動車，肆無忌憚的騎飛車，互相追趕打鬧，眞的是很令人擔心。對於路面的斑馬線；孩子們也視而不見，有的人將自行車快騎到了馬路中間，有的面對紅燈也橫衝直撞，這些正値花季的孩子，你有沒有想過當你這樣做，是蘊涵著生命面臨危險的時候，你們想到疼愛你的父母了嗎？還有你自己比任何都寶貴的生命。我們都不願看到，任何一個孩子，以這樣一種方式讓絢麗的生命花朵過早地凋謝。

但事實上，孩子自己卻並不清楚，好多同齡人的生命正在被無情的車輛呑噬著，正在被疏忽大意的交通意識傷害著，正在時刻被死亡的陰影籠罩著……

悲劇每天都在不斷地發生、上演，卻不知何時會落幕。問卷調查顯示，約有20%的中學生不能自覺遵守交通規則，經常會橫穿馬路或亂闖紅燈，而這自然會給他們的生命安全帶來極大的威脅，也是造成數字極爲驚人的交通事故的原因之一。

二〇〇四年，中國一年有四千四百二十三名少年死於交通事故！也就是說，中國平均每天有將近十二名花季少年喪生在車輪之下！其中有四分之一，即一千多人是由於自己交通違規而導致死亡的。這些人中有的是因爲騎自行車違規，有的是過人行橫道違規。

現在的中學生，只注重文化課的學習，缺乏對交通法規和交通安全知識的系統學習和瞭解，不知道自己違反交通規則，將會導致怎樣的嚴重後果，對違規的危險性沒有足夠的警惕。對此，家長要鄭重地告訴孩子，每天都在身邊存在著隱形的殺手。別讓自己成爲交通活動中非常危險的弱勢群體！

有必要讓孩子立即學習交通法規，提高交通安全防範意識，鍛煉反應能力、辨別能力、判斷能力、處理突發情況的能力，增強自我保護能力！家長要幫助孩子提高交通安全的「四大意識」：一是，右側通行意識。無論是開車、騎車，還是步行，都要時刻牢記右側通行；二是要有責任意識，騎自行車應該在非機動車道上通行或靠邊通行。步行要走人行道或靠邊通過，千萬不能闖至機動車道上。三是觀察意識。要留心觀察路面情況，做到「一看、二慢、三通過」，不能匆匆忙忙地趕路，更不能與機動車搶道爭先；四是紅綠燈意識，紅燈停、綠燈行，是保障交通安全的重要措施。當紅燈亮起時，千萬不能強行通過，因爲這時側方的機動車剛剛加速，往往會因剎車不及而發生事故。

除此之外，老師在組織學生集體外出時，一定要有秩序地列隊行走；嚴格告誡學生不要相互追逐、打鬧、嬉戲；行走時要專心，注意周圍情況，不要東張西望、邊走邊看書報或做其他事情。

在霧、雨、雪天，家長最好要讓孩子穿著色彩鮮豔的衣服，以便於機動車司機儘早發現目標，提前採取安全措施。「交通法規是生命之友」，只有讓孩子養成嚴格遵守交通法規的良好習慣，才會使他們遠離車禍，永保平安。

教育名言

人在身處逆境時，適應環境的能力實在驚人。人可以忍受不幸，也可以戰勝不幸，因為人有著驚人的潛力，只要立志發揮它，就一定能渡過難關。

7.虛擬的世界真實地過

二〇〇四年九月十日，十五歲的孫某因上網沒錢，到鄰居齊某家翻錢，正巧被中途回家的齊某碰上，在網上經常「殺」人的孫某不由分說朝齊某連砍數刀，致使齊某當場死亡。在翻出九百元後，孫某爲了毀屍滅跡，將房子點燃。

二〇〇四年三月十一日晚，十六歲的胡某在合肥市新站開發區「相約」網吧裏，玩一種用刀捅人的暴力遊戲時，由於技術欠佳，胡某每次都被別人「捅」倒。坐在胡某旁邊某同齡的少年忍不住對胡某冷嘲熱諷。在網路上「殺」紅了眼的胡某當即火冒三丈，抽出隨身攜帶的尖刀，捅向受害人的胸口，導致受害人當場死亡，而胡某依舊沉浸在暴力遊戲中。直到警方趕到現場，胡某才驚醒。

絢麗多姿的網路世界，就像潘朵拉魔盒，在給人類帶來種種便利和享受的同時，也帶來了陰暗醜惡的一面。網路犯罪——尤其是青少年網路犯罪——正成爲一個亟待解決的令人頭痛的問題。爲什麼青少年網路犯罪會居高不下，甚至愈演愈烈？

青少年渴望接觸更多的人，體驗各種新奇的感覺，而在有規律的家庭生活中，在制度化的學校裏，他們這樣的心理需求很難得到滿足。在網路中，他們的冒險心理和模仿心理得到極大的滿足。

網路日益嚴重影響孩子的問題，更是值得我們應有的重視，對於網路中存在的暴力、欺詐賭博、色情等，對孩子身心健康產生不利的影響，他們已經把幻覺的東西，潛移默化地應用到現實中去了。

現在，家長和老師要做的是疏而不是堵，讓孩子們多做一些有意義的事情，如旅遊、參加一些體育活動等，幫助他們從沉溺於網路的狀態中解脫出來，分清虛擬與現實之間的距離。

（一）詐騙錢財。

網上詐騙可謂比比皆是，有許多成年人都經常會掉入這種圈套之中，更何況還在成長中的少年呢！比如，有的動畫片網站販賣動畫人物模型，有些學生按指定帳戶匯去規定錢數，結果卻杳無音信；有的網頁打出一些簡單的問題，聲稱回答正確可以得到某種禮品，有的學生回答完後提交自己的電話號碼和電子信箱，結果禮品沒到，接到的卻是推銷輔導材料的電話，弄得他們不知如何是好。

對於類似這樣的陷阱，家長只要告訴孩子不貪財、不圖利、不輕信、不盲從，就不會輕易被矇騙。畢竟天下沒有免費的午餐，幸福也不會從天而降，要想收穫，就要先耕耘！

有個學生就曾在上網時收到了一封幸運郵件，說他中了三等獎，並要他支付獎品郵費。他大喜之下，立刻寄去了郵費，但卻一直沒有收到獎品。詢問對方，得到的回答是：現在由於特殊原因，三等獎沒有了，只有二等獎，再寄多少郵費就行了，要麼也不退錢。

這個學生只好又寄去了幾百元，接下來的結果，不說自明。更爲可惡的是，有的人還會發送一些惡作劇郵件給孩子們，讓其必須轉發多少人，否則就會有災難降臨。成年人一看便知這是惡作劇，可以不加理睬，但正處在成長中的孩子可能就會因此感到非常恐懼，造成嚴重的精神負擔，以至於影響身心健康。

（二）網上交友。

網路的出現，拓展了人們的交往空間，也因此改變了某些人的交友方式，使網友逐漸成爲現在年輕人一個非常時尚的概念。但是，青少年在網上交友，通常衝動有餘而沉穩不足，很容易受到一些花言巧語的哄騙。

曾經有兩名從未出過家門的十七歲少女，在接到網友發來的邀請後，對父母謊稱到外地的同學家玩，就迫不及待地趕赴網友的約會，結果兩人雙雙被綁架。

當然，網上交友聊天，在某種程度上的確能夠釋放孩子在學習中的緊張情緒，或多或少地能豐富孩子的精神生活，所以，對於網上交友，家長也不必要求孩子避如蛇蠍，只需要小心謹愼即可，特別是千萬不要輕易將網上的朋友帶入現實生活中來。

網路對青少年的發展總體上是積極有益的，網路上有著大量豐富多彩、迅速更新的資訊，這些資訊以多媒體形式反映出來，對孩子具有吸引力，能激發他們的好奇心和求知欲，擴展視野，培養獨立學習和思考的能力。

然而，網路陷阱卻也讓家長很無奈。所以，家長必須明確給孩子規定上網的細節，防止孩子成爲網路受害者。比如，家長應該告訴孩子在網上交友時，不要向網友說出自己的眞實姓名和地址、電話、學校名稱、密碼等個人資訊，不要輕易與網友見面，如非見面不可，也一定要去人多的場所見面，切不可去賓館、私宅等處見面。

教育名言

要用幻想的想法，滋潤充滿現實心靈的一種美好的心靈慰藉，而不是讓人沉溺於幻想之中不能自拔，這樣的結果會後患無窮的。

第四章

讓孩子歷練心態的7個細節

Part 4

1.我輩豈是蓬蒿人——自信

幾乎所有的失敗都是由於缺乏自信。

自信不是在得到之後才相信自己能得到，而是永遠相信自己能得到。它是人的意志和力量的體現，也是一個人最值得驕傲的心態之一。

一九五〇年，蘇菲亞·羅蘭的第一次試鏡以失敗告終，導演卡洛·龐蒂告訴她，她夠不上美人標準，建議她把臀部削減一點，把鼻子縮短一點。

但是，當時年僅十六歲的羅蘭卻堅決拒絕了導演的要求：「如果我的鼻子上有一個腫塊，我會毫不猶豫把它除掉。但是，說我的鼻子太長，那是毫無道理的。我喜歡我的鼻子和臉本來的樣子，我爲什麼要長得跟別人一樣呢？」

羅蘭沒有對導演的話言聽計從，更沒有因爲別人的輕視而喪失自己的信心，所以，她得以在電影中充分展示出她與眾不同的美，並以她獨特的外貌和熱情、開朗、奔放的氣質，受到人們由衷的喜愛，最終登上奧斯卡影后的寶座。

獲得成功需要具備一定的客觀條件，除了一個人的智力因素外，其健康的心態也起著重要的作用。家長要讓孩子相信自己所追求的目標是正確的，也相信自己有力量去實現那個目標。

兩千多年前，孟子說「堯舜與人同耳，人皆可以爲堯舜」，是道德自信心；

李白高唱「仰天大笑出門去，我輩豈是蓬蒿人」，是能力自信心；

相信自己能把學習搞好，積極努力地去提高學習效率與效果，這是學習自信心；

相信自己能將自己從事的工作幹好，能實現自己的理想目標，這是事業上的自信心

……

自信對人的發展有著巨大的作用。如果孩子是個自信的人，那麼他處世樂觀進取，做事積極主動，樂於接受挑戰；如果孩子缺乏自信，那麼他就會在任何事情面前表現出柔弱、恐懼的心理，從而失去了很多學習和鍛煉的機會，影響自身的發展。

對於家長來說，培養孩子自信的心態，絕對不是教會孩子喊一個空洞的口號，而是讓信心紮根在孩子的靈魂深處，讓它跟隨著孩子的血液流遍全身，推動著他在學習、工作和生活中獲得成功。

（一）告訴孩子「你不是普通人」。

二〇〇〇年，四千名少年精英報考了清華大學國際MBA，最終六十二人入選，其中就有才華橫溢的王海翔。

王海翔是一個「很自信，不自卑」，是善於「抓住機會」的人。說起海翔的成長，他的媽媽感觸最深的是，「沒有什麼能比自信對孩子的成長更重要了」。

海翔的自信，正是來自媽媽對兒子的賞識。當兒子遇到困難時，媽媽從不給兒子任何壓力，而是在一旁讚賞兒子已經走過的路程，幫他「數腳印」。媽媽常對他說：「孩子，記住，你不是一個普通的人，儘管現在表現平常，但是只要你加以開發，你會比任何一個你認識的人優秀。」這大大激發了兒子繼續向上攀登的願望：「人家行，我爲什麼不行？讓我試試吧！」

清華大學MBA分普通班和國際班，考入國際班的學生英語水準很高，英文聽說讀寫成績都在八十分以上。與他們不同的是，海翔沒有在外語環境中工作過，口語也不如別人好。所以一開始他就面臨很大壓力。

細心的媽媽看在眼裏，勸他說：「我相信你能行。」

望著媽媽期盼的目光，海翔堅定地說：「我相信自己的能力，下功夫不會有問題。」

這之後，海翔用數倍於別人的努力去學習。第一學期堅持下來，畢業考試就獲得優秀，在清華大學MBA國際班裏拿到一等獎學金。

（二）用鼓勵代替嘲笑。

培養孩子的自信心是一個不間斷的過程，當父母看到孩子敢於挑戰超過自己能力範圍的目標時，家長千萬切忌用嘲笑的口吻「指導」孩子，當你的孩子不會或者不敢「做夢」的時候，也就是他平庸的開始。因此，明智的家長會將嘲笑變成鼓勵，不斷地鼓勵孩子，鞏固其自信心。要知道，孩子只有在不斷的鼓勵中，才能樹立起自信。

如果父母經常挑剔、嘲笑孩子，孩子剛形成的自信很快就會消失。有一個十七歲的男孩，非常喜歡畫畫，畫出的畫非常富有想像力，而且，他還每天堅持畫好幾個小時。另一個人見此情景，對男孩的自信和努力非常好奇，就問男孩的媽媽：「你的孩子怎麼這麼自覺畫畫呀？而且，他看上去非常喜歡畫畫。」男孩的媽媽淡淡地笑了，說：「我雖然不懂畫畫的藝術，但是我懂得欣賞我的孩子，每當他畫畫的時候，不論好壞，我總是對他說：『孩子，你今天畫得更好了，比昨天進步了』。我是他最忠實的觀眾，孩子非常喜歡畫畫給我看。」

由此可見，隨時鞏固孩子的自信是需要不斷地鼓勵的。在這個過程當中，父母要注意以下幾個原則：不要過分讚揚孩子，以免孩子產生驕傲情緒。只有隨時地、恰當地鼓勵，才能不斷提高孩子的自信。

（三）有自信就沒有失敗。

天下所有的孩子都需要包容。父母往往不能容忍孩子的缺點，其實孩子每天都在成長，現在的缺點很可能就是未來最大的優點。

據說愛迪生發明電燈，做了一千多次試驗，才找到最適合做燈絲的材料。有人曾經問過他，這麼多次失敗的打擊，你是怎麼挺過來的？愛迪生說：「我並不覺得這些是失敗，每當一次試驗完成後，我都會很高興，因爲我終於知道了這種材料並不適合做燈絲。」

這就是自信。在眞正自信的人眼裏，沒有失敗這個概念。失敗只不過是一個瞬間辭彙，只能代表完成目標整個過程中的某一段，這些人相信遲早會完成他們的目標，所以根本不怕走彎路，也不怕失敗暫時帶來的遺憾與打擊。

實踐證明，「可以失敗」要比「不准失敗」更能減少孩子的失誤。當孩子主動地要去做某件事情時，即使大人知道有可能失敗，也要讓孩子去試試看，這是很重要的。家長如果感到對孩子做什麼都不放心，而對其進行多餘的關照與幫助，也會剝奪孩子的積極性，妨礙其成長。

教育名言

對於那些有自信、不介意短暫失敗的人，沒有所謂失敗！對懷著百折不撓的堅定意志的人，沒有所謂失敗！

2. 傲骨梅無仰面花——謙虛

有一位年輕人問愛因斯坦：「您老可謂是物理學界的空前絕後了，何必還要孜孜不倦地學習呢？何不舒舒服服地休息呢？」愛因斯坦並沒有立即回答他這個問題，而是找來一支筆、一張紙，在紙上畫上一個大圓和一個小圓，對那位年輕人說：「在目前情況下，在物理學這個領域裏可能是我比你懂得略多一些。正如你所知的是這個小圓，我所知的是這個大圓，然而整個物理學知識是無邊無際的。對於小圓，它的周長小，即與未知領域的接觸面小，他感受到自己未知的少；而大圓與外界接觸的這一周長，所以更感到自己未知的東西多，會更加努力地去探索。」

愛因斯坦九歲的兒子問他：「爸爸，您爲什麼那樣有名呢？」愛因斯坦聽了哈哈大笑，他對兒子說：「你看，瞎甲蟲在球面上爬行的時候，它並不知道它走的路是彎曲的。我呢，正相反，有幸覺察到了這一點。」

愛因斯坦就是這樣一個謙虛的人，名聲越大，他就越謙虛。

事實上也是如此，沒有一個人能夠有足夠驕傲的資本，因爲任何一個人，即使他在某一方面的造詣很深，也不能夠說他已經徹底精通、徹底研究全了。家長應該讓孩子知道「生命有限，知識無窮」，任何一門學問都是無窮無盡的海洋、都是無邊無際的天空，所以，誰也不能夠認為自己因為考試第一而停步不前、趾高氣揚。如果那樣，則必將很快被其他人趕上、很快被後人超過。

驕傲是一種不良的心理狀態，孩子——特別是聰明的孩子——常容易產生驕傲自滿的情緒，父母應該給予積極的引導，使其心理健康發展。在現實生活中，孩子往往由於學習成績較好或者某方面有特長，而經常受到家長和老師的表揚，這常常會誤導孩子，使他們不能正確認識自己，於是就會滋長驕傲情緒。他們會因此誇大自己的優點，看不到自己身上的問題，而把別人看得一無是處；他們聽不進別人的善意批評，總是處於盲目的優越感之中，就會逐漸地放鬆對自己的要求，因此導致成績下降，表現也就不再那麼優秀了。對這樣的孩子，家長應該及時予以糾正，讓他們正確認識問題。

想要弄清楚孩子產生驕傲心態，首先父母應該先分析孩子驕傲的原因：是學習成績比較好、還是自身的藝術特長，或是有著超乎尋常的運動天賦。然後「對症下藥」。

給孩子講道理，告訴孩子做人要謙虛，保持戒驕戒躁的心態，要知道「山外有山，樓外有樓」的道理，即使是你有驕傲的資本，而你一味的孤傲自大，脫離了與別人相處的紐帶，那也只是空中樓閣，最終只能是走投無路。要讓孩子知道，活在這個世界上，不是你一個人都能把事情做好的，這個世界是人與人相互關愛、相互合作的世界。任何脫離別人、一個人做事，註定是失敗的結局。這些道理講全孩子們聽，他們一定會豁然開朗的。

不要過分地誇獎孩子，也是家長和老師教會孩子謙虛心態的一種重要措施。

許多人都看過《卡爾．威特的教育》這本著名的書，這本書寫於一八一八年，是世界上論述早期教育的最早文獻之一。

卡爾．威特在生下來時是一個智障兒，但他的父親老威特運用一種與眾不同的教育方法，使小威特八歲時，就已經掌握德語、法語、義大利語、拉丁語和希臘語六種語言，同時，小威特還通曉動物學、植物學、物理學、化學，尤其擅長數學。小威特在九歲時就考上哥廷根大學。當他未滿十四歲時，就被授予哲學博士學位。十六歲時又獲得法學博士學位，並被任命爲柏林大學的法學教授。

對於這樣一位才華出眾的天才，父親老威特非常注意培養孩子謙虛的習慣，他禁止任何人表揚他的兒子，生怕孩子滋長驕傲自滿情緒，從而毀了他的一生。

在《卡爾．威特的教育》一書中，老威特這樣寫道：

「有一次，有個地方的督學官到哥廷根的親戚家串門。他在來哥廷根之前，就已經從報上和人們的傳說中知道了我兒子的事。到了親戚家後，知道得就更詳細了，因爲他的親戚與我們來往密切，非常瞭解我兒子的情況。他想考考我的兒子，爲了得到這一機會，就拜託他的親戚請我們父子去。

「我接受了邀請，帶著兒子去了。他向我提出要考考我兒子的要求。按照慣例，我也要求他答應我的條件，即『不管考得怎樣，絕不要表揚我兒子』。據說他擅長數學，所以他提出主要想考考數學。我回答說：『只要不表揚，考什麼都沒有關係。』商量妥當後，我就把特意打發出去的兒子叫進來，考試就開始了。威特對每個問題的回答，都使他感到十分滿意。最後開始了他所擅長的數學考試。由於我兒子也擅長數學，所以越考越使他感到驚異。每一題我兒子都能用兩種、三種解法去完成，也能按他的要求去解題。這樣他就不由自主地讚揚威特了。我趕緊給他遞眼色，他這才住了口。

「由於他們二人都擅長數學，考著考著就進入了學問的深層，並最終走到督學官所

不知的地方。這時，他不由自主地叫了起來：『唉呀！眞是超過了我的學者！』

「我想這下壞了，立即給潑冷水：『哪裡，哪裡，由於這半年兒子在學校裏聽數學課，所以還記得。』督學官還不死心，又對我兒子說：『你再考慮這道題，這道題歐拉先生考慮了三天，才好不容易做出來。如果你能做出來，那就更了不起了。』

「聽了這話，我擔心起來。我並不是怕兒子做不了那麼難的題，而是擔心如果兒子眞的把那道題做了出來，而由此驕傲起來。他把問題說明後，就問我兒子有沒有聽說過，或者是在書上看到過這個題，兒子說沒有。他說：『那麼給你時間，你做做看。』說完就拉著我的手退到房間的裏面，對我說：『你兒子再聰明，那道題也很難做出來，我是爲讓你兒子知道世界上還有這樣的難題才出的。』

「可是，督學官的話音剛落，就聽兒子喊道：『做出來了。』這時督學官有些不高興地說：『你事先知道這道題吧。』兒子一聽就感到很委屈，含著眼淚反複聲明說：『不知道，不知道。』

「看到這種情形，我再也不能沉默了，擔保說：『因爲兒子做的事，我全都清楚。這個問題的確是第一次遇到，更何況兒子是從不扯謊的。』這時督學官說：『那麼你的兒子勝過歐拉這個大數學家了。』我掐了一下他的手，立即說：『瞎鳥有時也能撿到豆，這也是偶然的。』

「督學官這才領會到我的意圖，點著頭說：『是的，是的。』然後就附耳小聲對我說：『唉呀！我眞佩服你的教育法。這樣的教育，不管你兒子有多大的學問也絕不會驕傲。』兒子也很快和其他人高興地談起別的事，這一切也使督學官十分喜歡。」

老威特非常瞭解孩子的心理，表揚過多，往往會導致孩子驕傲自滿心理的產生。因此，他在生活中有意識地避免表揚孩子。父母應該注意表揚孩子本身沒有錯，但是，千萬不要一味表揚，而且，表揚孩子的時候要注重表揚孩子的某種行爲，不要表揚孩子本身——這也是表揚的一個技巧。

✐教育名言

一種美德的幼芽、蓓蕾，這是最寶貴的美德，是一切道德之母，這就是謙遜；有了這種美德，我們會其樂無窮。

3.安得廣廈千萬間——責任

林凱一家到英國旅遊，一天，林凱在公共衛生間裏如廁，就在他坐到馬桶上的時候，他突然聽到隔壁小間裏有一種奇特的響動。由於這響動時間過長，而且也過於奇特，因此引起了他的好奇心。

在好奇心的驅使下，他通過小門的縫隙向裏面探望。這一看使他驚歎不已。原來，小間裏一個只有七八歲的小男孩，正在修理馬桶的沖刷設備。一問才知道，是這個小男孩上完廁所後，因爲沖刷設備出了問題，他沒有把髒東西沖下去，因此就一個人蹲在那裏，千方百計地想修復它。

這件事給林凱留下了非常深刻的印象。回國後，他經常對朋友說起此事，不無感慨地說：「一個只有七八歲的孩子，竟然有如此強烈的負責精神，可見其父母的教育是成功的。」

事實上，責任心是衡量一個人成熟與否的重要標準。一個缺乏責任心的人，在遇到沒有人能爲他負責的時候，就喜歡哀歎自己的不幸，抱怨生活的不公。

培養孩子的責任感，對於家長和老師來說是極其重要的，因爲責任意識是他們安身立命的基礎，當一個人具有了某些能力時，就要對相應的事情負責。那些缺乏責任感的孩子只會坐享其成，缺少前進的動力。

孩子的責任心需要父母言傳身教、從小培養。教育家陶行知說：「我要兒子自立立人，我自己就得自立立人。我要兒子自助助人，我自己就得自助助人。」同樣，要培養子女的責任感、事業心，家長要敬業愛崗，有強烈的責任感、事業心，因爲父母是子女生活中的啓蒙教師，也是孩子學習的第一榜樣。

曾經有一位外國媽媽帶著十四歲的女兒，到中國山東一戶人家裏做客。女主人對外國友人的到來非常重視，特別學習了西餐的做法。她對外國母女說：「今天我做西餐給你們吃，你們嘗嘗中國人做的西餐味道好不好。」

十四歲的女孩聽女主人要給她們做西餐，心想：中國人做西餐肯定不好吃。於是，當女主人問她吃不吃的時候，小女孩堅定地回答：「我不吃。」

等女主人把西餐端上來的時候，小女孩一眼就看到了漂亮的霜淇淋。這麼好看的霜淇淋味道肯定很好！小女孩有點迫不及待地對媽媽說：「媽媽，我要吃霜淇淋。」女主人很高興小女孩能夠喜歡自己的霜淇淋，就把霜淇淋端到小女孩面前，說：「來，吃吧！」

誰知，女孩的媽媽嚴肅地對女主人說：「不行，我女兒說過她不吃西餐，她得爲自己所說過的話負責，今天她不能吃霜淇淋！」

女主人看著有些尷尬，覺得女孩的媽媽也太認眞了，就說：「給她吃吧，孩子總是這樣的。」女兒也急切地望著媽媽，希望能得到她的許可。但是，女孩的媽媽根本不爲所動，只是對女兒淡淡地說：「你得爲自己負責。」然後正色對女主人說：「親愛的，我們要培養孩子的責任心。」結果，無論女孩多麼渴望，媽媽就是不同意讓她吃霜淇淋。

對孩子的教育就應該如此，只有讓孩子懂得自己的行爲將會產生什麼後果，他才會對自己的行爲負責任。在現實生活中，父母要試著把孩子生活中的每一項責任，都放到他自己的身上，讓孩子自己承擔。

比如，當孩子遇到麻煩的時候，你應該說：「這是你自己選擇的，你想想爲什麼會這樣？」而不要對孩子說：「你已經努力了，是爸爸沒有幫助你。」雖然只是一句話，卻反映出了觀念的不同。如果你無意中幫助孩子推卸了責任，孩子將會認爲自己無須承擔責任，這對他以後的人生道路是很不利的。

所以，父母的包辦行爲會使孩子失去責任心，要培養孩子的責任心，父母就要在孩子的學習、生活中糾正他的不良習慣，讓孩子學會自己的事情自己做。

最簡單的教育孩子增強責任心的方法，就是讓孩子回報父母的愛。父母無私地奉獻了自己的愛，這種愛能否得到回報呢？這就取決於家長對孩子的教育了。只愛孩子，不培養他學會愛周圍的人，尤其是親人，孩子的情感責任是不會健康發展的。

爲此，在吃飯時，要孩子首先給老人端去；吃水果時，讓孩子把大的水果給長輩吃。從這些事情中，讓孩子懂得關心和尊敬長輩。家長還要教給孩子禮貌的語言，讓他見了長者要稱呼、問早、問好等。

上街購物時，家長可要求孩子幫著拎一部分東西，買來任何好吃的東西，都不能因心疼孩子而違心地說「我不喜歡吃」，千萬不能讓孩子一個人獨享，而要說「我也愛吃」，讓孩子留一份給父母。孩子在關心爸爸媽媽、親人方面做出任何一點行動，家長都要及時給予鼓勵。

總之，讓孩子學會對自己負責，才能逐步地發展爲對家庭、對他人、對集體、對社

會負責。

✐教育名言

責任感常常會糾正人的狹隘性。當我們徘徊於迷途的時候，它會成為可靠的嚮導。

4.尋章摘句老雕蟲——堅毅

心理學家指出，意志是一個人啓動自我力量去克服困難的推動力。在控制論中，意志用「博弈論」來定義。博弈論是關於對抗的理論。同樣，只要沒有對抗、沒有阻力，就不需要意志努力。

一個人克服障礙後感受到的快樂，可以提供一種回饋，表明我們的意志力朝正確的方向推動他前進的動力。所以，一生中主要的事情是認清一個眞實的、偉大的目標，並指揮我們的意志力去實現它。

偉大的畫家米開朗基羅在畫《西斯廷教堂》時，常常要頭向下靠在腳手架上工作。由於這項工程時間長、難度大，以至於他長時間不能低頭。不能把信件放在頭上，他甚至讀不了一封簡短的信。正是以這樣一種超乎尋常的毅力，他完成了《西斯廷教堂》的畫作。

但他沒有絲毫退縮，他的意志使他能夠致力於他的偉大事業，幫助他克服了巨大痛苦，也使他得以繼續他的工作，一直到完成巨作，人們在爲他的傑作而驚歎之時，應看到，正是意志的力量，減緩了他所忍受的極大的肉體之苦。

爲此，家長和老師就要教育孩子怎樣培養自己堅毅的心態。擁有堅毅的心態，並不是一種任意尋找目標、遭受困苦的能力，它應該是敏銳地、理智地分辨對自已和社會都有益的動機和目標的能力，也是對堅毅實現的一種「報償」。後者要求有耐心和理智的估計，去克服障礙和從可能的選擇中實施最佳選擇。

著名演員格麗克瑞·費達特娃在她的回憶錄中，講述了她的教師米克黑爾·希凱波肯如何發展學生的意志力。「一次，我們正興致盎然地玩遊戲，希凱波肯讓我們回教室去。停止遊戲很艱難，我們一點也不願回教室，但也無能爲力，只好如此。對我們來說，馬上想通並回教室學習十分困難，儘管我們努力去集中注意力，但仍不能忘記遊戲。最後，我們終於控制了自己，進入了學習狀態，但就在那時，老師又讓我們接著玩。但是在我們還沒眞正開始遊戲時，古怪的老頭又一次叫我們回教室。但這次既不固執，也不專制，希凱波肯只是爲了加強我們的意志力，並教給我們如何控制自己。」

這種做法值得老師和家長效仿。只有那些能夠以意志力控制情感，並能駕馭和集中其注意力的人，才能夠控制他的欲望和要求。有些人似乎擁有一種內在的、強大的控制力，以至於有時可以緊緊束縛住各種欲望。

京劇《沙家濱》裏，郭指導員有一句話：「勝利，往往來自於再堅持一下的努力之中！」事實正是如此，如果一個人在遇到困難的時候，能夠有足夠的意志去再「堅持一下」，這種堅強的意志足以讓他取得成功。現在，家長和老師也應該告訴孩子，在遇到困難的時候，要堅持一下。再堅持一下，就是強者！

「哈佛女孩」劉亦婷的父母，希望女兒能夠有堅強的意志承受極限的考驗，在亦婷十歲的時候，她與爸爸進行了一個殘酷的訓練：握冰一刻鐘！這個遊戲的目的是要訓練劉亦婷的忍耐力，她需要握住一大塊在冰箱裏凍得結結實實的冰塊，堅持一刻鐘。

一九九一年八月九日，這場殘酷的賭局開始了。第一分鐘，劉亦婷感覺還可以，第二分鐘，就覺得刺骨的疼痛，她急忙拿起一個藥瓶看上面的說明，轉移自己的注意力。到了第三分鐘，骨頭疼得鑽心，像有千萬根冰針在上面跳舞似的，她就用大聲讀說明的方法來克服。到了第四分鐘，她感覺骨頭都要被冰凍僵、凍裂了，這時只能使勁咬住嘴唇，讓痛感轉移到嘴上去，心裏不停地想著：忍住，忍住。第五分鐘，劉亦婷的手變青了，大概是凍得麻木了，所以也感覺不到痛了。到第六分鐘，她的手只有一點痛了，而且稍微有點兒麻。第七分鐘，手不痛了，只覺得冰冰的。第八分鐘，她的手就完全麻木了……

當她的爸爸跟她說「十五分鐘了」的時候，劉亦婷高興得跳著歡呼起來：「萬歲，萬歲，我贏了，我贏了！」可她的手卻變成了紫紅色，摸什麼都覺得很燙。爸爸急忙打開自來水管給她沖手。她一邊沖，一邊對爸爸說：「爸爸你輸了，好可憐啊！」爸爸卻說：「我一點也不可憐，你有這麼強的意志力，我只有高興的份。」

雖然類似的訓練存在著一定的危險性，但是卻對培養孩子堅毅的心態非常有好處。家長或許不必刻意找機會這樣「鍛煉」孩子，但是卻可以在孩子生病的時候，不准孩子向你撒嬌，用這樣的手段告訴孩子，堅毅是人必須具備的可貴素質。

大部分孩子在面對吃苦的時候，總是顯示出嬌弱的一面，父母不妨有意識地鍛煉孩子，比如多讓孩子參加一些野營活動，讓孩子在艱難的條件下吃點苦頭，這樣比較有利於培養孩子堅強的心態。

教育名言

由大志中產生大勇，由理解中加強信心，才是最堅毅的大勇與最堅強的信心。

5. 明朝散發弄扁舟——樂觀

樂觀是一種心態或傾向，使孩子能看到事情比較有利的一面，期待最有利的結果。有這樣一句話說得好：「生活像一面鏡子，你對它笑，它就對你笑；你對它哭，它就對你哭。」樂觀遠遠超出了比較自信的思維，使一個人的生存變得輕鬆起來。

根據《樂觀兒童》的作者、心理學家馬丁．塞利格曼所稱，樂觀不僅是比較迷人的性格特徵，它也能使人對生活中的許多困難產生心理免疫力。他做過高達一千次的研究，研究人數達五十萬（包括成人和兒童）。結果發現，樂觀的人不易患憂鬱症，在學校和工作中都更容易成功，而且令人吃驚的是，樂觀者的身體比悲觀者健康。他的最重要的發現是，即使青少年天生不具備樂觀品性，也是可以培養的。

（一）引導孩子擺脫困境。

每個孩子都會碰到不稱心的事情，即使天性樂觀的孩子也是如此。當孩子遇到困境時，父母要多留心孩子的情緒變化，如果孩子悶悶不樂，父母無論自己多忙，也要擠出一點時間和孩子交談，教育孩子學會忍耐和堅強面對，鼓勵孩子凡事多往好的方面想，不要盡往消極的方面想。

樂觀與悲觀的最大區別，就是對有利和不利事件原因的解釋。樂觀主義者認爲，有利的、令人愉快的事情總是永久的、普遍的，而不利的事件只是暫時的。

悲觀主義者則認爲，好事總是暫時的，壞事才是永遠的。在解釋壞事發生的原因時，他們不是責怪自己，就是諉過別人。

樂觀是孩子對未來充滿信心而且不斷進取的個性特徵。孩子對那些能夠滿足自己需要的事物或東西，會產生一種積極的情緒體驗，而對無法滿足自己需要的事物，則會產生消極的情緒體驗。樂觀的性格是孩子應對人生中悲傷、不幸、失敗、痛苦等不良事件的有力武器。如果孩子無法樂觀地面對人生，就會意志消沉，對前途喪失信心，而且長此以往，還會損害身體健康。

父母就要引導孩子把心中的煩惱說出來，這樣，煩惱很快就會消失，孩子也會恢復快樂。當然，父母也可以幫助孩子克服一些困難，教給孩子以正確的態度和措施來保持樂觀的情緒，這些都是促使孩子擺脫消極情緒的好方法。

（二）言教不如身教。

父母在教育孩子的過程中，自己首先要做樂觀的人，每個家長在工作、生活中也會遇到各種困難，父母如何處理困境會直接影響到孩子。如果父母能以身作則，在面對困境、挫折時保持自信、樂觀，奮發向上，孩子也會受父母的影響，在遇到困難時，樂觀地去面對。

平時，父母應該多向孩子灌輸一些樂觀主義的思想，讓孩子明白，令人快樂的事情總是永久的、普遍的，一旦有不愉快的事情發生，那也只是暫時的，不具普遍性，只要樂觀地對待，生活仍然是美好的。

例如，家長週末要加班去，就要對孩子說：「今天媽媽要去公司加班。」表明媽媽的工作很忙，而不要對孩子說：「該死的，媽媽今天又要去加班。」

不管怎樣向孩子說明你的情況，事實是無法改變的，但是給孩子的感覺卻是不一樣的。當你向孩子說：「今天媽媽要去公司加班。」孩子會覺得媽媽很能幹，在公司是核心人員。如果你對孩子說：「該死的，媽媽今天又要去加班。」孩子會覺得你是不願意加班而不得不去，這就給孩子留下了不快樂的陰影。

(三) 允許孩子自由地表現悲傷。

孩子在遇到困境時，往往會表現出悲傷。父母應該允許孩子自由地表現悲傷。如果孩子在哭泣的時候，父母要求孩子停止哭泣，不能表現出軟弱，孩子就會把心中的悲傷積聚起來，久而久之，反而造成孩子的消極心理。

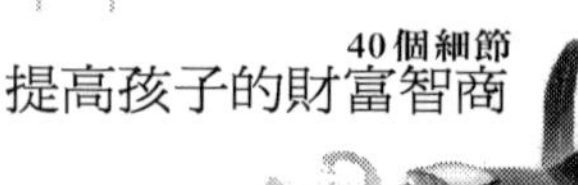

俞梅剛上初中不久，就發生了一件讓她傷心的事情。她從小就非常要好的夥伴——小豔，在班上結識了一個外地轉學來的同學，從此，小豔與新同學的關係非常好。俞梅就這樣遇到了友誼挫折。

當俞梅感覺到這種情況的時候，她非常傷心。她向媽媽哭訴自己遇到的情況，誰知，媽媽並不理解俞梅的想法，反而呵斥道：「這麼一點小事值得大驚小怪嗎？眞是沒用的人！」

媽媽的呵斥讓俞梅更加傷心。從此，她變得鬱鬱寡歡，不管遇到什麼事情也不對媽媽說了。等媽媽意識到俞梅的變化時，俞梅已經變得非常悲觀了。

對於孩子表現出的悲傷或軟弱，父母不要呵斥，應該讓孩子盡情地發洩心中的鬱悶，只要孩子發洩夠了，他自然會恢復心情的平衡。當然，如果孩子需要父母的幫助，父母應該及時安慰孩子，用相同的心理去感受孩子的情緒，努力引起孩子的情感共鳴，從而緩解孩子的不良情緒。

法國作家阿蘭在論述把快樂的智慧用於和煩惱做各種各樣的對抗時說：「煩惱是我

們患的一種精神上的近視症，應該向遠處看，並保持積極樂觀的心態，這樣我們的腳步就會更加堅定，內心也就更加泰然。」

只有懂得休息的人，才懂得如何高效地工作，同樣的道理，只有懂得發洩不良情緒的人，才懂得怎樣讓自己樂觀起來。樂觀不是糊塗地高枕無憂，而是能夠將自己的悲傷情緒，適當地、適時地排出體外的一種本領。因此，家長想要讓孩子保持樂觀的心態，就一定要教會孩子怎樣化解令他們悲觀的因素，這是樂觀的本質所在。

✐教育名言

只有樂觀與希望，才能有助於我們生命的滋長，能夠鞭策我們的奮鬥意志，生出無比的力量。

6. 物換星移幾度秋——寬容

曾有人問愛迪生，讓他談談對小時候打聾他耳朵的那位列車員的看法。令人意外的是，愛迪生並沒有大肆地辱罵那位列車員，他不以自己的聲望去壓倒列車員，而是幽默、機智地回答道：「我感謝他，感謝他給我一個無人喧囂的環境，使我能夠專心致志地完成更多的試驗、發明！」

一個不肯原諒別人的人，就是不給自己留餘地，因爲每一個人都有犯過錯而需要別人原諒的時候。

寬容是一種美德，它像催化劑一樣，能夠化解矛盾，使人和睦相處。寬容是一種不重表面形式的心態，是高尚的。正如有位哲人所說：「寬容是需要智慧的。」寬容體現了一個人的素養與氣度，表現了人的思想水準。善待他人的短處，可以使我們與他人和睦相處；寬容對待他人的長處，可以使我們不斷進步。只有一個擁有智慧的人，才會學習在心中留出一片天地給別人。

現在的孩子大都以自我爲中心，不管發生什麼事情，很多人首先想到的是自己，而不是別人。如果別人做錯了事，根本沒有一點寬容之心，往往逮住他人的缺點不放。

北京師範大學教育系與中國青少年研究中心曾經對中小學生做了一次抽樣問卷調查。其中有一個問題是這樣的：「當你討厭的同學需要你的幫助時，而且你能幫助他，你會幫他嗎？」

表示願意的初中生和高中生分別是41.7％和37％。由此可見，雖然不少孩子對於他人的主動求助表示願意幫助，但是，隨著年齡的增加，表示願意幫助他人的人數是遞減的。在調查中，還有一個問題是這樣的：「對於過去欺負過你或嚴重傷害過你的人，你會怎麼辦？」對於這個問題，只有29.9％的學生表示會原諒他，有近24％的學生表示很難原諒或絕不原諒，其餘的學生則表示原諒但不忘記。從中也可以看出，能夠主動寬容別人的孩子實在太少了。

寬容是一種良好的個性品質，它體現在生活的各個方面。對他人寬容，就是克制和忍讓，原諒他人的過失；對自己寬容，意味著豁達、樂觀的心態。

寬容他人，包容他人之長，不嫉妒，不蔑視，取人之長、補己之短，才能互相學習，互相促進，學業才能發展。寬容自己，包括容忍自己犯的錯，不後悔，不憤怒，不因為他人的過失而生氣，影響自己的學習和前程。寬容的心境是充實自己的良好狀態。

心理學家指出：適度的寬容，對於改善人際關係和身心健康都是有益的，它可以有效防止事態擴大而加劇矛盾，避免產生嚴重後果。大量事實證明，不會寬容別人，亦會殃及自身。過於苛求別人或苛求自己的人，必定處於緊張的心理狀態之中。由於內心的矛盾衝突或情緒危機難於解脫，極易導致機體內分泌功能失調，造成血壓升高、心跳加快、消化液分泌減少等，還常伴有頭暈、多夢失眠、倦怠無力、心緒煩亂等症狀。這些心理與生理異常相互影響，形成惡性循環，可誘發疾病的發生。

父母都可以教孩子學會寬容，比如說可以讓孩子從別人的角度來看待問題，設身處地地站在別人的角度來思考問題。

陶行知先生在育才學校當校長時，曾經發生過這樣一件事情。

一天，陶行知在校園裏看到學生王友用泥巴砸自己班上的男同學，陶行知立即制止了他，並讓他放學後到校長室去。

放學後，王友早早地來到校長室門口準備挨訓。這時，陶行知走過來了。他一看到王友，就掏出一塊糖果遞給他，說：「這是獎給你的，因爲你按時來了，而我卻遲到了。」

王友驚愕地接過糖果，目不轉睛地看著陶行知。這時，陶行知又掏出一顆糖果遞給王友，說：「這塊糖果也是獎給你的，因爲當我不讓你再打人的時候，你立即就住手了，這說明你很尊重我，我應該獎勵你。」

王友更驚愕了，他不知道校長到底想幹什麼。這時，陶行知又掏出一塊糖果放到王友的手裏說：「我已經調查過了，你用泥塊砸那些男生，是因爲他們不守遊戲規則，欺負女生。你砸他們證明你很正直善良，並且有跟壞人作抗爭的勇氣，應該獎勵。」

王友聽了非常感動，他失聲叫了起來：「校長，你打我吧，我砸的不是壞人，而是自己的同學呀！」陶行知滿意地笑了，又掏出一塊糖果遞給王友，說：「你能正確地認識錯誤，這塊糖果值得獎勵給你。現在我已經沒有糖果了，你也可以回去了。」

陶行知的教育讓王友明白了，不管在什麼時候，都要換個角度想想問題。可見，父母應該教育孩子經常問自己：「要是我處在這種情況下，我會怎麼想呢？又會怎麼做呢？」「我現在應該爲他做點什麼，他的心裏會感覺好受一些嗎？」

缺乏寬容的心，會對孩子的學習生活和以後的人際交往，造成極其不利的影響。缺乏寬容的心的孩子，常常不被周圍的人接納。試想，有誰會願意每天和一個對別人的過錯和缺點耿耿於懷的人在一起？

缺乏寬容的心的孩子，還很容易走上另一個極端——報復。因爲不會寬容別人，會始終把他人對自己造成的傷害放在心上，進而產生報復心理。

當然，不管是對別人還是對自己，寬容絕不是無原則的容忍，而是必須建立在自信、利己利人，有助於獲取知識技能的基礎上的適度寬容，而且必須是在法制和道德規範之內。從這一意義上說，「大事講原則，小理講風格」，就是寬容應採取的態度了。

教育名言

寬恕人家所不能寬恕的，是一種高貴的行為。

7.天下英雄誰敵手——勇氣

勇氣是一種滋補劑，它是世界上最好的精神藥物。如果以一種充滿希望、充滿自信的精神進行學習、工作的話；如果能讓自己儘早展現出壓倒一切的勇氣，任何事情都不能阻擋孩子前進。

很多青少年都有遠大的理想和抱負，但卻始終缺乏一種「邁出第一步」的勇氣。在現實生活中，許多事情都需要勇敢的心態去面對：放棄需要勇氣，拒絕需要勇氣，嘗試需要勇氣，冒險需要勇氣……甚至在有時候，說話都需要勇氣。一個孩子如果缺乏勇敢的心態，就失去了承擔責任的基礎，就只能生存在家長的庇護之下，無法面對人生的任何壓力與挑戰。

家長和老師應該告訴那些膽怯的孩子：「挑戰無處不在。」

羅伯特是八十美元環遊世界的第一人。羅伯特．克里斯朵夫是一位熟練的攝影師，在他年輕的時候，他像許多青年人一樣，喜歡讀科幻小說。當他讀完儒勒．凡爾納動人的科幻小說《八十天環遊地球》後，他的想像力和內心潛在的勇氣被激發了。

羅伯特告訴朋友：「別人用八十天環繞地球一周，現在我爲什麼不能用八十美元環繞地球一周呢？我相信如果我有足夠的勇氣，任何地方我都可以到達。也就是說，如果我從我所處的地方出發，我就能到達我所想要到達的地方。」「我想，別的人能夠在貨輪上工作而得以橫渡大西洋，再搭便車旅行全世界，我爲什麼就不能呢？」

朋友笑著說：「你的想法太天眞了！」

羅伯特沒有理睬他們的嘲笑，而是從他的衣袋裏拿出筆，在一張便條上列了一個他所能想到的、在旅途中將會遇到的困難表，並仔細地記下準備怎麼去著手解決每個困難的辦法。羅伯特沒有耽擱一分鐘，他開始行動了。

他先和經營藥物的查理斯．菲茲公司簽訂了一份合同，保證爲這家藥物公司提供他所要旅行的國家的土壤樣品。而這家公司要求羅伯特也要讓這家公司在他——羅伯特的宣傳下，得到他們之間簽訂的所需要的業績；他又想辦法獲得了一張國際駕照和一套地圖，條件是他提供關於中東道路情況的報告。

他四處奔波，讓朋友設法替他弄到了一份海員文件，並且獲得了紐約警察部門開出的關於他無犯罪記錄的證明。爲了旅行，他想得很周全，甚至爲自己準備了一個青年旅遊招待所的會籍。最後他又與一個貨運航空公司達成協議，該公司同意他搭飛機越過大西洋，只要他答應拍攝照片供公司宣傳之用。

只有二十六歲的羅伯特完成了上述計畫，他在衣袋裏裝了八十美元，便乘飛機和紐約市揮手告別，開始了他八十美元周遊世界的夢。

在加拿大的紐芬蘭島甘德城，羅伯特吃了第一頓早餐。他不能用他可憐的八十美元來付早餐費，那麼他是怎樣做的呢？他給廚房的廚師照了相，大家都很高興。

在愛爾蘭的珊龍市，羅伯特花四．八〇美元買了四條美國紙煙。羅伯特深知，在許多國家裏，紙煙和紙幣作爲交易的媒介物是同樣便利的。

從巴黎到了維也納，精明的羅伯特送給司機一條紙煙作爲他的酬資。從維也納乘火車，越過阿爾卑斯山，到達瑞士，羅伯特又把四包紙煙送給列車員，作爲他的酬謝。

在敘利亞首都大馬士革，羅伯特熱心地給當地的一位員警照了相，這位員警爲此感到十分自豪，使命令一輛公共汽車免費爲他服務。

伊拉克運輸公司的經理和職員特別喜歡羅伯特爲他們照的相。作爲感謝，他們邀請羅伯特乘他們的船，從伊拉克首都巴格達到達伊朗首都德黑蘭。

在曼谷，羅伯特向一家極豪華的旅行社經理提供了一些他們急需的資訊——一個特殊地區的詳細情況和一套地圖。他爲此受到了像國王一樣的招待。

最後，作爲「飛行浪花」號輪船的一名水手，他從日本到了舊金山。就這樣，羅伯特·克里斯朵夫用八十四天周遊了世界，並且他所有的旅資加起來只有八十美元。

很多人都喜歡旅遊，但是用八十美元來周遊世界，對於大多數人來說可能連想都不敢想。羅伯特做到了，因爲他比常人多了一份勇氣。勇氣是一種敢於面對現實、不怕困難、勇於進取、積極爭取勝利的優秀心態。

父母可以給孩子講起這個傳奇故事，並告訴孩子，勇氣和魯莽是不一樣的，魯莽是衝動的代名詞，而勇氣是經過經過精心準備之後的具體做事的態度，這與魯莽無準備的情況下，所採取的做事的態度是完全不同的。

爲了培養孩子的勇氣，家長應當積極地給孩子創造條件，讓他們瞭解周圍的事物，擴大知識面，積極發展多方面的能力。從心理學的角度講，人只是對自己不瞭解的東西才容易產生畏懼感，所以，家長要通過不斷提高孩子的知識能力水準來培養他們的勇氣。

同時，家長還應當教育孩子在任何時候、任何條件下都要敢於面對現實。因爲勇氣不僅表現在不怕困難，敢於鬥爭，而且還表現在敢於面對錯誤、失敗和陌生的環境。孩子應當明白犯了錯誤要敢於承認和改正，失敗了要敢於重來，對任何事物都要無所畏懼。

父母要注重對孩子勇氣的開發和培養作爲一項重要的內容，並且力圖在心中形成這樣的觀念：勇敢和堅韌是受人尊重的，懦弱和膽小是被人瞧不起的。有的青少年缺乏面對困難和挫折的勇氣，被困難和挫折嚇住了，從此不敢越雷池一步，退縮、逃避，甚至畫地爲牢、作繭自縛，不敢面對失敗、面對現實。這樣的孩子成功的機率將會大大減少。

想要鍛煉孩子的勇氣，就不要怕他們摔著、碰著，家長可以讓孩子去游泳、爬高還可以去山野遊玩，總之不要不敢做這事、不敢做那事，好像孩子天生是個弱者一樣。

父母也可以常常給孩子講講英雄的故事，讓他們體驗英雄們面對困難是怎樣的心態，這種心態是多麼勇敢。然後引導孩子在家裏、在日常生活中擁有勇氣：無論發生了什麼事情，帶著微笑去面對這個世界，這需要極大的勇氣；永遠相信自己，不要隨波逐流，這更需要勇氣。

教育名言

勇敢產生在鬥爭中，勇氣是在每天對困難的頑強抵抗中養成的。我們青年的箴言就是勇敢、頑強、堅定，就是排除一切障礙。

第五章
讓孩子感悟生活的8個細節
Part 5

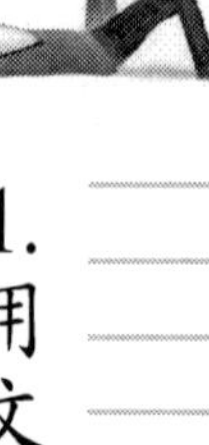

1.用文明結構人生

如果說人生是一幢雄偉的建築，那麼文明則是支撐這幢建築屹立不倒的鋼筋。一個人如果失去了內在的文明修養，即使腰纏萬貫，或者學富五車，也不過是一個會說話的動物。

良好的文明習慣不僅能給生活帶來快樂，而且能夠幫助一個人走向成功。從外表上看，禮貌是一種表現或交際形式，從本質上講，禮貌反映著自己對他人的一種關愛之情。所以，眞正的禮貌必然源自內心。

一位媽媽好不容易把孩子培養成了學習上的佼佼者，惟一不足的是，孩子從小就不修邊幅。但是，這並不妨礙媽媽爲他而自豪。孩子從小就是個學習高手，不僅考上了北京一所高校，而且在學校裏自己補習英語，計畫去國外留學。

大學畢業的時候，孩子順利地通過了託福考試和GMAT考試。就在面試合格、各項手續也順利辦下來、只等簽證就可以實現他的留學夢的時候，一件意外的事發生了！

那天，媽媽陪著孩子去辦理簽證，孩子的心情非常激動。當聽到自己的名字的時候，孩子高興地站了起來，站起來的同時，孩子不自覺地咳了一聲，同時往牆角吐了一口痰。這個細小的動作被秘書小姐看到了。秘書小姐走進辦公室，在一位官員模樣的人耳邊輕聲地說了幾句話。

當這位孩子走進辦公室的時候，那位官員對他說：「對不起，我們很遺憾地通知您，您的成績和能力雖然都非常優秀，但是，綜合素質方面還有些欠缺，我們不能給您簽證。」

「綜合素質？」這位孩子有些意外。

官員說：「是的，我們認爲，一個人的成績和能力雖然很重要，但是，綜合素質是更加重要的，它能體現出一個人的品質。我們非常注重這項考核，事實上，許多人都是因爲綜合素質考核通不過而得不到簽證的。」

這位孩子有些沮喪地出來了，而媽媽這時已經明白，孩子之所以沒有得到簽證，因爲他剛才的行爲太不文明了。

講究禮貌也是處理人與人之間關係不可缺少的規範。人與人之間互相觀察和瞭解，一般都是從禮儀開始的。一個舉止優雅、彬彬有禮的人，更容易交到朋友、找到工作。

正如一位哲人所說，那些明智的和有禮貌的人們，他們特別謙虛謹慎，從不裝腔作勢、裝模作樣、夸夸其談、招搖過市。他們正是通過自己的行爲而不是言語，來證實自己的內在品性。

一個有教養的孩子必須有良好的文明禮儀，這樣的孩子比較受人歡迎，也就是心理學上所說的，「被眾人接納的程度高」。文明禮儀要從小培養，形成良好習慣。有些家長認爲，現代社會是個自由的社會，懂不懂文明禮儀沒關係，只要學習好、有眞本事就行了；有些家長則認爲，小孩子天眞無邪，長大了就會懂得文明禮儀的。其實，這都是誤解。一方面，孩子的文明禮儀需要從小培養，否則就會形成壞習慣，一旦形成壞習慣，再改就很難；另一方面，越是懂禮儀的孩子，越能獲得自由發展的廣闊天地，因爲他會受到他人的尊重和歡迎。可見，文明禮貌始終是孩子應該養成的好習慣。

英國著名教育家斯賓塞說過：「野蠻產生野蠻，仁愛產生仁愛，這就是眞理。你對待兒童沒有同情，他們就變得沒有同情；而以應有的友情對待他們，就是一個培養他們友情的手段。」也就是說，家長以應有的文明對待孩子，孩子才會懂得文明。

德國有個家庭，母親讓孩子幫助做什麼事時，總是對孩子說：「請你幫我……好嗎？」「請你……好嗎？」從來不會說一些生硬的句子，或者用強硬的命令語氣讓孩子去做事。孩子做完了某件事，母親總會說聲「謝謝」。不管遇到什麼事情，父母總會和孩子商量一下。例如，父子一塊看電視時，如果父親想換一個電視節目，總是先對孩子說：「傑克，我們換個頻道看看好嗎？」過耶誕節時，父親給孩子買了一個高爾夫球台作爲禮物。有一次，父親想與一個朋友一起玩一下，父親就問孩子：「傑克，能不能把高爾夫球台借給我玩一下？」這位父親認爲，既然已經是送給孩子的禮物，它就是孩子的物品。不管是誰要使用這個物品，必須和孩子商量。父母的這些教育細節，使孩子們都養成了彬彬有禮的習慣。

父母是孩子的榜樣，父母良好的行爲舉止是對孩子最生動、最有效的教育。父母應該利用家裏來客的有利時機提醒孩子，並給孩子做出榜樣。

有一個上中學的男孩，滿口髒話，經常欺負女生，甚至對女老師也很不恭敬。班主任老師聯繫了孩子的媽媽，沒想到他的媽媽卻對老師哭訴這孩子如何對她無禮。班主任老師於是苦口婆心地教育這個孩子要講禮貌，但收效甚微。

有一天，班主任到孩子的家裏去家訪。開門迎接老師的是孩子的父親，班主任老師便隨口問了聲孩子的母親在哪裡，孩子的父親則輕蔑地說：「還癱在床上呢，死豬婆！」

班主任老師馬上就明白了孩子不講禮貌的根本原因！

父親如此當著孩子的面侮辱自己的妻子，而且不顧有外人在場，孩子怎麼可能講禮貌呢？班主任老師非常憤怒，當著孩子，批評了他的父親，這位父親也意識到自己的行爲對孩子的不利影響，後來學會了尊重妻子，不講粗話。這個孩子也越來越禮貌了。

每個家庭都會有客人來，父母要試著讓孩子學會以主人的身份來招待客人，這也是培養孩子生活文明的重要手段。在這方面，我國近代著名的畫家、文學家豐子愷先生的做法，非常值得一提。

豐子愷先生有個兒子叫豐陳寶。豐陳寶小時候特別怕生人，在客人面前顯得不太禮貌。有一次，豐子愷先生到上海爲開明書店做一項編輯工作，把十三四歲的小陳寶也帶了去，想讓小陳寶幫著抄抄寫寫。

有一天，來了一個小陳寶不認識的客人，這位客人同豐子愷先生談了好長時間，小陳寶一直沒有與客人去打招呼。客人與豐子愷先生談完後，就過來與小陳寶打招呼、告別。這下小陳寶可愣住了，他一時不知道如何是好。

豐子愷先生送走客人後，語重心長地對小陳寶說：「客人向你打招呼告別，你怎麼可以不理睬人家呢？」後來，豐子愷先生一直非常注重小陳寶的禮貌教育。他告訴小陳寶，客人來了，應該爲客人端茶、遞水果，而且一定要用雙手捧上，這樣表示恭敬。他還風趣地打比方說：「如果用一隻手端茶，就好像皇上對臣子賞賜，更像是對乞丐佈施，又好像是父母給孩子喝水、吃飯。這是非常不恭敬的。」豐子愷先生還教育小陳寶說：「客人送你什麼東西的時候，你一定要躬身雙手去接。躬身表示謝意，雙手表示敬意。」這些話都深深地印在了小陳寶的心中，後來，小陳寶果然成爲一個彬彬有禮的孩子。

父母還要特別注意的是，在孩子沒有講禮貌的時候，千萬不要強迫孩子。現實生活中，很多父母在孩子沒有禮貌的時候，總會強迫孩子講禮貌，比如有客人來家裏，孩子躲在房間裏不出來，不與人打招呼，家長非得把孩子拉出來跟客人問好，結果，孩子產生了逆反心理。

事實上，父母這種強迫的行爲本身就是不禮貌的。孩子不願意與人打招呼必然是有原因的，比如孩子從小就很害羞，孩子認爲客人是父母的客人，與自己沒關係，或者他

正在做作業，一時忘記了打招呼……這時候，父母需要的是引導孩子去跟客人打招呼，如果孩子實在不想打招呼，父母不應該強迫孩子，但應該在事後告訴孩子：「與人打招呼是最基本的禮貌，你去別人家裏時，也希望受到別人的熱情歡迎呀！」這樣，讓孩子設身處地爲他人想想，他的禮貌舉止才會發自內心。

教育名言

禮貌出自內心，其根源是內在的，然而，如果禮貌的形式被取消，它的精神與實質亦隨之消失。

2.流行只是生活的一角

趕時髦、攀比高消費等現象，雖然只存在於一部分中學生中，可它對這個年齡層孩子的不良影響卻不容忽視。對新事物敏感的天性，原本是中學生的一種優點，但仍需要來自各方面——尤其是家長的正確引導。

許多家長深有體會，自從孩子上初中後就越來越「俏」了，而且兩代人之間思想、價值觀念、心理方面的分歧越來越多。小學階段的小鳥依人不見了，取而代之的是向父母提出各種要求，與父母爭辯，甚至駁斥、批判父母，說他們「保守」、「落後」，不懂「潮流」、「時髦」，稱他們爲「老頭子」、「老太婆」等。

這是一種普遍現象，家長不必爲此傷心絕望，但也不能掉以輕心。趕時髦、攀比高消費等現象，如果任其發展，不但可能使所有追求流行的孩子步入歧途，而且還會給不追求流行的學生——尤其是家境貧困的孩子帶來巨大心理壓力，使其產生自卑、嫉妒等變態心理。

因此，家長應當正確引導孩子，分散轉移他們在關注流行方面的注意力。現在的中學生中，最普遍的趕時髦是唱流行歌曲、跳現代舞、瘋狂崇拜各類明星等。對於這種還

不算過分影響生活的追逐流行，家長應當持默許的態度。這樣，孩子會感到自己有一定的自主空間，甚至會高呼「理解萬歲」。

例如，許多初中生都流行跳勁舞。這是一種家長非常陌生的現代舞，對鍛煉身體有好處，也符合素質教育全面發展的要求。對於這種趕時髦，家長不但不能一味阻止，而且還可以參與其中。如果你向孩子「拜師學藝」，請他們教你，就會感覺到他們的認眞勁。一個個動作分解得很細，一步步很有條理，這也是孩子天賦的一方面。

中學生對新事物具有天然的敏感性，可是趕時髦的中學生也最容易步入攀比和高消費的誤區。有些孩子學習不求上進，在生活消費方面的攀比勁頭卻很大，什麼時髦追求什麼，沒完沒了。尤其是在買文具、書包、自行車、電子辭典、手機等方面，根本不問價格和功能，就看流行不流行，不達目的不甘休，爲此甚至以絕食、不做作業相威脅。有的學生一學期買三個新書包，不是原來的書包不能用了，而是不時髦了；有的爲了買新手機，不惜一手導演手機失竊事件。

俗話說，「愛美之心，人皆有之」。因此，家長和老師應當引導孩子追求自然、純樸的美，給人以一種朝氣蓬勃、青春洋溢的感覺。而不是用流行粉飾自己，一味追求公子哥、歌星、模特兒之類的所謂「酷」和「前衛」，反而會破壞自身特有的「美」。家長還要儘早教育孩子樹立適度消費觀。要使孩子的消費水準與家庭經濟條件相稱，與中學生正常需求相符，與社會文明要求相一致。

現代中學生中，還有一種流行是「動（畫）漫（畫）熱」、「袖珍書熱」。這些讀物中大量充斥著幼稚、暴力、色情色彩。這種廣泛閱讀，所造成的後果是嚴重影響孩子的身心健康。因此，家長應當對這種趕時髦式的課外閱讀特別關注。一方面，家長無法完全剝奪他們的這種課外閱讀，只能加以引導；另一方面，可以建議老師根據不同年級學生的心理特點、認識水準和教學進度，指定孩子們閱讀的「必讀書目」，以擠佔他們這方面的閱讀時間。

香港教育專家文盧麗萍認爲，從孩子小學五年級後，家長就應當牢牢掌握「管教權」，主要掌握三條原則：涉及大是大非的事情，如吸毒、濫交等，「一定要管」；家長只是感到難以接受的事情，如穿吊帶背心上街等，應當「有商有量」；對於一些無關緊要的事情如穿什麼顏色的衣服、用什麼款式的文具、帶不帶雨具外出等，則「不加干涉」。總的要求是恩威並施，既不讓孩子學壞，也要避免破壞兩代人的關係。

教育名言

一切時髦的，如果你一輩子追求時髦，一直追求到老，你就會變成一個受任何人輕視的花花公子。

3. 天上「星」，亮晶晶

追星族的標誌是，把追星看作生活中第一位重要的事，甚至比上課、做作業、吃飯還重要。在同學之間交往，談論最多的是影、視、歌、體明星。他們對這些明星的一舉一動，包括一些個人癖好的瞭解，遠遠超出了對公式、定理、概念的瞭解，甚至到了如癡如狂的地步。

心中有個偶像，使精神有個寄託，學習累了時能遐想一會，這並非是多大的壞事。明智的家長不是一味禁止孩子追星，而是幫他挑選德藝雙馨的偶像。並將其熱情控制在適度的範圍之內。

追星，更多地體現爲一種尋求精神寄託的行爲。現在的中學生物質生活已經相當豐富，他們缺少的不是物質享受，而是精神追求。

然而，伴隨著追星，各種原來意想不到的問題也層出不窮：有的中學生不惜蹺課去參加某明星的簽名銷售活動；有的爲了一睹劉德華的尊容，預先在他下榻的賓館床底下忍餓潛伏十七小時，嚇得這位「影帝」尊容失色；幾位女中學生爲了爭得影星胡兵的親筆簽名，不惜以酒相拼，結果喝得酩酊大醉；更有的中學生甚至追星追得自殺身亡！！

種種跡象表明，追星背後反映的是中學生的信仰缺失，以及由此導致的盲目迷信，家長對此應當引起高度警惕。

對於追星熱中的中學生，家長應當幫助他們樹立一種健康的心態，其核心是堅定立場，培養獨立的思維方式、獨特欣賞目光。家長應當告訴孩子，學生的主要任務是學習，而不是隨波逐流，不是媚俗，因為時尚是追求不盡的。

例如，當年有那麼多中小學生崇拜電視劇《還珠格格》中的小燕子。原因就在於，他們從小燕子身上找到了自己渴望而又不具備的東西：聰明漂亮、敢說敢笑、敢愛敢恨、爽朗率直、反叛權威。他們希望借助偶像崇拜來達到心理平衡，實現心理補償。

瞭解了這個原因，家長完全可以利用這一心理特點，把孩子們引導到崇拜家長希望他們崇拜的明星上去。例如在美國，大科學家經常參與科學普及工作，以此來吸引中學生關心科學、參與科學研究。

如果沒有正確引導，中學生追星很可能會一發而不可收，最終導致失控。家長在這方面要防微杜漸，及時發現不正常的苗頭，把他引導並控制在合理的範圍內。對於已經癡迷的追星族孩子，家長要懂得解鈴還須繫鈴人的道理，有意識地用明星的缺點，來削弱他在孩子心目中的地位。

一份調查表明，在中學生眼裏，如果他們追星追的是歷史偉人，家長100%會表示支持；如果追的是影視歌明星，家長中表示支持的只有3%，97%都表示反對。這表明，在教育子女方面，家長特別希望孩子以有建樹的人爲榜樣，而不希望孩子崇拜那些只會「唱唱跳跳」的所謂明星。家長雖然自己也喜歡看明星的表演，卻不希望子女以他們爲榜樣。

因此，家長應當告訴孩子，不要在追星中迷失自己，因爲你最終只能成爲你自己。正如一位偉人所說：「當你心中沒有偶像的時候，你也就成了別人眼中的偶像。」

教育名言

勇者並不是蠻勇之謂；凡見義不為為非勇，欺凌弱小為非勇，貪圖便宜，使乖取巧，自私自利皆為非勇。

4.城市的孩子應該到農村體驗生活

從小生活在長春市的費俊，爲了瞭解農村，學習一些農業知識，經受勞動的鍛煉，二〇〇五年暑假期間，獨自坐車來到河北老家爺爺耕種了一輩子的土地上。

費俊換上奶奶拿來的粗布衣服，走到驕陽高照的田間，一招一式地跟爺爺到田裏去鋤草、耕種一些時令菜蔬。爺爺耐心地告訴孫子，別小瞧莊稼活，一道工序出了問題，都會影響產量。費俊在撒種時，常將種子扔到田埂的外邊，爺爺就讓他揀起來，細細地講給他「春種一粒籽，秋收萬顆糧」的道理。

對於沒有經受過風吹日曬的城裏人費俊來說，幹農活是個苦差事，頭頂烈日，揮汗如雨。幹了一個多小時，就滿頭是汗，氣喘吁吁，爺爺勸他歇一會兒，但他擦把汗，咬緊牙繼續幹。看他進步很快，爺爺便表揚他，使他越幹越帶勁。

地裏的活結束了，費俊回到老屋，吃起奶奶做的粗茶淡飯來，覺得實在太可口了。去了幾趟農村，費俊平時愛挑食的毛病也糾正了過來。現在，費俊對農村和土地產生了深厚的感情，一到雙休日便自己背著行李，坐上公共汽車，回到祖輩們曾經拋灑過汗水的田間地頭，從來沒有間斷過。

他在一篇作文中寫道：「爺爺的教誨，使我深刻地認識了農村，而且愛上了農村的一草一木，愛上了這裏的淳樸。農村，我永遠魂牽夢繞的地方！」

並不是所有的家長都願意自己的孩子到農村裏去體驗和勞動。一些家長認爲，農村生活條件差、不衛生，孩子的皮膚容易被曬黑等。當孩子在假期、雙休日自己去老家或幾個同學組織起來到農村體驗生活時，一些家長就會出面阻止。

二〇〇六年三月份，上海市的某所中學進行了一項問卷調查，得出的結果是：不知道菜豆、黃瓜長在哪裡的學生占50％，不知道棉花可以用來做衣服的占45％，而不知道甘蔗能榨糖的孩子竟然有65％！

大多數城市孩子的農村生活的經歷非常貧乏，多數孩子根本就沒有到農村這塊「廣闊的天地」裏去過。有的孩子在城市的市場看到那麼多雞蛋成筐成筐地堆在那裏，就覺得母雞下蛋很容易，一天能下好幾十個！

雖然很多孩子在電視上看到過或書上讀到過，但是他們還是不相信農村的公雞會早上自動打鳴！誠如一位東北老大爺曾在《遼寧日報》上發表的一篇題爲《我教孫子學農活》的文章所說的那樣：現在城市裏的獨生子女被大人嬌慣得四體不勤，五穀不分，上小學了還不知道糧食是怎麼來的，菜是誰種的，這樣下去怎麼了得！

所以，家長和老師應該在教育孩子的行動中，添加讓孩子獨自或結伴到農村走一走的計畫，因爲孩子們這樣做不僅是十分必要的，而且是非常迫切的。讓孩子自己做主，到農村去體驗生活，去流汗出力，不僅可以促使他們深刻認識勞動創造生命、勞動創造財富的道理，促使他們養成珍惜勞動成果、勤儉簡樸的習慣，而且可以使他們對中國的社會狀況有一個基本的認識。

時代雖然有了很大的進步，但今天我們國家還是農業人口占80％的農業大國，所以，家長和老師適時安排孩子到農村去鍛煉、到農民中間去體驗，最少可以讓他們從感官上認識我國的一些基本狀況，進而明白莊稼和蔬菜、糧食的來之不易。

教育名言

人的思想是可塑的。一個人如果每天觀同一幅好畫，閱讀某部佳作中的一頁，聆聽一支妙曲，就會變成一個有文化修養的人——一個新人。

5.感受自然的魔力

自然從來都是生活的一部分，任何偉大的人物，生活中都離不開自然的滋潤補養。我國早就有「讀萬卷書，行萬里路」的名言，從某個角度上解釋這句話，「行萬里路」中就包括走進自然，從而更好地感悟生活、總結生活的意思。

成都市某初中二年級有些同學自發組織野外活動小組，他們每隔一兩個星期就組織一些同學，到郊外去盡情地遊玩一天，想通過這種方式，培養大家的觀察能力和寫作能力。誰知這一備受孩子們歡迎的活動，卻招致了來自各方面的指責：首先是孩子們的家長意見很大，紛紛責怪孩子這樣玩下去，把心玩野了，精力分散了，而且還得花錢；其次是來自社會的壓力，說學生應該以學習爲主，常常這樣遊山玩水成何體統；再次是來自學校的壓力，班與班之間、校與校之間的考試成績的激烈競爭，不允許孩子們將「寶貴」的時間浪費在遊山玩水上。

這些「指責」導致的後果是：孩子們離大自然越來越遠。在城市鋼筋水泥的束縛中，許多城市青少年生態意識越來越弱，對大自然的觀察力越來越差，也越來越缺少熱愛自然的感情，甚至有不少孩子以爲大米和蘋果一樣是樹上結的。這樣下去的結果只能是，大自然將這些可悲的孩子拋棄，他們的感悟力和想像力喪失殆盡。

尼采是十九世紀德國偉大的哲學家。他的童年充滿不幸和坎坷。小尼采五歲的時候，父親由於腦軟化症去世。幾個月後，尼采剛滿兩歲的弟弟約瑟夫也夭折了。親人接連不斷地去世，特別是父親的去世，讓尼采幼小的心靈受到了極大的傷害。

爲了撫慰自己那顆憂傷的心，小尼采養成了走向大自然的良好習慣，每當小尼采鬱悶的時候，他就一個人徒步來到野外，忘情於大自然的景色，沉浸在醉人的風光中。大自然中似乎蘊藏著無窮的力量，讓尼采憂傷的心情逐漸恢復了平靜。

在尼采的一生中，常常對大自然懷著感激和熱愛之情，他在晚年回憶道：「在我少年的時代，我就經受過了太多的悲痛和苦難，所以一點也不像別的孩子那樣天真爛漫……從少年起，我就傾向於孤獨，喜歡躲在沒人打擾的地方。特別是在大自然的神聖殿堂裏，我找到了一種最眞實的快樂。一點細雨能給我留下極爲美好的印象，轟鳴的雷聲和閃電則讓我學會了對上帝的敬畏。」

正是奇妙無比的大自然，給予了尼采這位世界級大哲學家無窮的靈感，激發了他的智慧之光。我國古代哲人曾這樣說：「惟天地萬物父母，惟人萬物之靈。」大自然的無限生機中，蘊藏著蓬勃向上的生命力與創造力，是人類生命之源。一個不熱愛大自然的人，一個不接近大自然的人，一個聽不懂大自然的語言的人，定然不會是一個有智慧的人。

大自然是人類最偉大的老師，它對所有的孩子都一視同仁，公正、寬容，它有父親般的威嚴、理性、熱情，又有母親般的柔情、感性、溫柔和細膩。大自然的本質是平衡，它體現了世界上最偉大的規律。

因此，如果家長和老師在適當的時候，讓孩子回到大自然的懷抱中去，面對高山和流水拓展他們的思維，那麼孩子就能逐漸學會領悟這其中的眞諦，就可以潛移默化地塑造他們和諧、平衡的思維和心理。

所以，十八世紀法國啓蒙思想家盧梭提出了一個十分響亮的口號：「回歸自然！」我國著名教育家烏申斯基也說：「意志、自由、自然、美麗的城郊，馥鬱的山谷，起伏的原野，金黃的秋天，難道不是我們的教師嗎？」

但是，今天的孩子，特別是城市的孩子，被關在水泥和鋼筋築成的房間裏，儘管手邊有著高級玩具，可以看電視和操控電腦，有著各種各樣的複合食品，但實質和關在籠

子裏的鳥兒又有什麼區別呢？

家長們爲什麼不回憶自己的青少年時期呢？上世紀的五六十年代，是當今大多數父母們天眞爛漫的時刻，那時，他們可以步行二三十里去捉蛐蛐，摘山杏，打酸棗，也可以在樹林裏捉迷藏，在鬆軟軟的草地上摔跤、踢球，由著性子在地上滾來滾去。至於掏鳥窩、逮兔子的事，誰沒有幹過呢……

其實，今天孩子們所渴望得到的，只不過是家長們曾經所擁有過的。爲什麼不能讓孩子自由地分享你青少年時曾體驗過得快樂呢？美國詩人羅賓生·傑弗斯說得好：「是時候了，讓我們重新親吻大地，讓豐富的生命重歸自然的懷抱。」

教育名言

悠閒的生活始終需要一個怡靜的內心、樂天曠達的觀念和盡情欣賞大自然的胸懷。

6. 從小奠定環保情結

二〇〇六年三月，北京市某中學的幾個學生，在一個星期天自發地組織起來，到北京最大的汙水處理廠——高碑店汙水處理廠去參觀。

張宏是其中的參觀者之一。在高碑店，張宏看到的是一番與平時完全不同的情景：散發著強烈的刺鼻臭味、顏色比墨汁還黑的污水急速地奔流著，雷鳴般的響聲在二三十公尺外就能清晰地聽見。

而工作人員的解說更使張宏憂心如焚：雖然該處理廠每天能處理上萬噸的污水，但在一些地方，每時每刻都有污水被偷偷排放，受污染嚴重的河流魚蝦全部絕跡，被稱爲「沒有生命的河流」。

這次參觀深深觸動了張宏。經過幾天的思考，並在父母的指導下，他提起筆來，決定給北京市環保局寫一封信。

在這封信的開頭，張宏寫道：「有人想當太空人，坐著太空船遨遊太空；有人想當富翁，過著悠閒的生活；而我想當一位盡職盡責的環保工作者，解決環境污染這個已經影響人類生存的大問題！」

在信中，張宏談了自己對處理塑膠污染的看法：「在垃圾污染中，作為白色污染的塑膠對環境的危害最大。首先，要設法使工廠生產環保型可降解塑膠製品，並向市民大力推薦使用紙袋或布袋。其次，聽說國外有一種能把塑膠轉換成石油的處理設備，把塑膠投入處理器中，經過加溫加壓，從處理器中排出的就是石油了，這種石油比普通石油純度還高，但處理的造價也非常高……」

他信中還寫道：「我設想，還要在每個工廠裏放一個限制排放的檢測器，一旦排量超標，檢測器報警，資訊自動被傳輸到環保局的監測部門，這樣，大大加強了對排汙企業的監督管理。」

更讓張宏興奮不已的是，在五月中旬，他收到了北京市環保局副局長杜少中的回信。回信中對他的環保主張和設想給予了肯定。在結尾，杜副局長鼓勵他：「現在，你就要為當一個合格的環保工作者進行知識儲備和各項準備。還有，你還要從自身做起，先成為一個合格的『環保志願者』，不但自己要時時處處環保，還要帶動別人……去影響每個人，只有更多的人參與了，才能不吃祖宗飯，挖斷子孫路。」

為了增強同學們的環保意識，在張宏的建議下，學校裏開展了「環保藍圖遍世界」的公益活動，張宏和同學合作創作的作品《防塵網》，以環保主題鮮明、表現手法獨特而打動了評委，獲得了大賽的最佳公益作品獎。

如果普天下所有的孩子都能夠像張宏一樣，自己做主成爲一名「環保志願者」，爲保護自己所賴以生存的環境而獻策獻力，並且在自己的一舉一動中自覺地保護環境，那這不僅是環境之福，也是孩子明天之福，更是子孫後代之福。

人們爲了追求方便、舒適的生活，日勝一日地大量開發自然資源和破壞生態環境，已經使人類賴以生存的環境日益惡化，溫室效應、野生動植物滅絕、熱帶雨林縮減、垃圾大量製造、有毒廢棄物污染、空氣污染、水資源污染……整個生態岌岌危矣！

在瑞士，大多數家庭的垃圾袋都有四個：一個裝生活垃圾，比如剩菜、果皮等有機物、回收後可以生產肥料；一個裝報紙和廢紙；一個裝塑膠瓶子；另一個裝玻璃、金屬製品等生活垃圾。

家長大都從小就教育孩子主動地、不厭其煩地對垃圾進行認眞分類，投入不同的垃圾箱。瑞士孩子保護環境的積極性和自覺性，從以下一位瑞士孩子的記事本上就可以略見一般：

週一：夜裏睡覺忘了關臺燈，浪費了大量的電，眞是不應該。

週二：上美術課時連撕了三張白紙，老師說，造紙要消耗木材和大量的水，使我痛感慚愧。

週三：哥哥喜歡開車兜風，我和他探討排放的有毒廢氣污染環境的問題，最後我們想出彌補的辦法——每人每年額外多種二十棵樹。

週四：爲瀕臨滅絕的灰鶴捐了一些零用錢。

週五：下午準備開車去超市購物，後來接受爸爸的建議改乘公車，既減少了汽車廢氣的排放，又節約了汽油。

週六：媽媽發現我只爲了洗兩件衣服就開動洗衣機，浪費水、電，我採納媽媽的建議，以後等衣服積多些時再用洗衣機洗。

周日：我到樓下丟垃圾時發現沒有分類，於是不顧髒臭，親手將垃圾分類後丟入垃圾箱內。

如果我們都能教育自己的孩子像這位瑞士孩子那樣去做，我們賴以生存的地球家園就會多一些綠色，多一些和諧！當孩子頭腦裏有了環保意識，並自覺地成爲「環保志願者」時，父母不要去橫加干涉，因爲這是每個人都必須具備的生活責任。

教育名言

沒有教養、沒有學識、沒有實踐的人的心靈好比一塊田地，這塊田地即使天生肥沃，但倘若不經耕耘和播種，也是結不出果實來的。

7. 母親的位置

母親不僅是孩子的母親，也是丈夫的妻子。對孩子的教育，主要是通過母親的身份而得以進行的，但從另一個角度看，在孩子的眼中，稱職的妻子會與合格的媽媽一樣有威信，母親可以通過妻子的角色和與父親的關係間接地對孩子產生影響，以達到教育目的。

因此，在教育孩子體驗生活的過程中，僅僅做一名好母親是不夠的，還要做一名好妻子。作為母親，在扮演妻子的角色時，能對孩子產生影響的重要因素，首先需要探討的是家庭關係的基礎——夫妻關係。

誠然，即使是通過幸福的婚姻生活而獲得了孩子的家庭，一旦夫妻之間缺乏愛情或者感情冷淡時，這種家庭氣氛不僅會影響孩子的性格，也會使母親自身對待孩子的態度發生變化。換言之，母親會把傾注給丈夫的愛情轉向給孩子，而且還會像愛丈夫那樣去愛孩子。

作為一種補償，母親會通過愛孩子去滿足對丈夫的愛情的不滿。由於這種愛不是來自父母的自然的愛，必定會出現偏頗，由此就表現出嬌慣、保護過度的態度，即溺愛的態度，單親家庭的問題是一個典型的特例。

由此可見，當夫妻之間的關係發生了裂痕時，就會對母親對待孩子的態度產生很大的影響。因此說，夫妻之間的愛情，對創造幸福家庭生活以及培養出具有情緒安定性格的孩子是最為重要的。

在家庭裏，孩子最不願意看到的事就是父母之間發生衝突，如吵架等。這樣孩子會感到恐懼和憂慮——感到恐懼是因為家庭生活環境受到了威脅；感到憂慮是因為他實際上是或自認為是家庭不和的原因。

無論是否有道理，孩子都會這樣想，他們自己是家庭不和的根源。況且孩子在父母的衝突中，也不可能保持中立，他要麼站在父親一邊，要麼站在母親一邊。其後果是他的性格發展會因此而受到危害。

當男孩子站在父親的對立面或女孩站在母親的對立面的時候，孩子就將沒有合適的仿效對象。孩子在以後的生活中，會討厭仿效父親或者母親的性格，不願學習他們的道德觀念，並且拒絕模仿他們的行為舉止。

在某些情況下，孩子還可能走向極端，在性別分辨上產生混亂。如果男孩拒絕站在母親一邊或女孩拒絕站在父親一邊，那麼，他們長大後可能對所有的異性產生懷疑和敵視。

家庭對於孩子，歸根到底是生活的基地，是獲得精神安定的場所，而一個良好的家庭氛圍，又會對孩子人格的形成產生有利的促進作用。那麼，究竟什麼樣的環境才是能夠培養出最爲理想的孩子性格呢？

和諧的家庭在對孩子的態度上就能做到：在使孩子深信父母愛的基礎上，將父母對孩子的親切關懷，與一定的行爲規範要求適宜地結合起來。建立了這種良好的關係，父母就能夠在加深自己感情的基礎上，最好地接納孩子，與孩子保持密切的聯繫，並在規定的家庭行爲規範的範圍內，爲孩子個性的發展提供廣闊的天地。

營造一個樂觀、自信、溫馨的家庭環境是父母的責任和義務，這是對自己負責，也是對孩子負責。所以，在非原則問題上互相理解謙讓是十分必要的。

✎教育名言

禮貌和教養對於裝飾人類或其他一切優良品質，都是必不可少的。

8.幸福生活三要素

知足常樂、潔身自好、卓爾不群，這三者意味著是眞正的幸福。一位八十八歲高齡的老太太，輕鬆悠閒地告訴她的朋友：「擁有一個幸福的人生其實也很簡單：第一是不要拿自己的錯誤懲罰自己，第二是不要拿自己的錯誤懲罰別人，第三是不要拿別人的錯誤懲罰自己。有這麼三條，人生就不會太累了……」

這位睿智的老人身出名門，家世顯赫。家中四姐妹本就是出了名的才女，而四個女婿更是鼎鼎大名。她的大姐夫昆曲名家顧傳介，她的夫君是著名語言學家、綽號「周百科」的周有光，她的三妹夫是赫赫有名的大文豪沈從文，四妹夫是耶魯大學的東方學問家傅漢思。她就是張允和——這「幸福三訣」正是她經歷了無數的人生苦難與艱辛後的大徹大悟。這看似簡單的幾個錯誤與懲罰之間的問題，蘊藏著許多爲人處事的大道理，包含著人生的意義和快樂的眞諦！

（一）不要拿自己的錯誤懲罰自己。

教育孩子，生活要懂得善待自己。人非聖賢，孰能無過？如果一有過錯，就終日沉陷在無盡的自責、哀怨、痛悔之中，那麼其生活的境況就會像泰戈爾所說的那樣：「不

僅失去了正午的太陽，而且將失去夜晚的群星。」

然而，又有多少煩惱正是孩子同自己過不去而帶來的呢？尤其是一些心高氣盛的少年人。因爲他們聰明，所以對自己的期望就高一些，對自己的要求就嚴一些，但情況卻未必總能盡如人願——比如一年一度的高考結束後，總有一部分名落孫山的同學情緒低落，沮喪自責，大有無顏見江東父老之感；比如運動會比賽上，冠軍永遠只能有一個，總有一些孩子即使得到第二，也面色陰沉，感到懊惱悔恨，無法原諒自己。

家長應該告訴孩子，希望越大，失望就越大，站得越高，摔得就越痛，爲什麼一定要把自己置身於那麼高的位置呢？平和一些，淡然一些，難道不好嗎？

人生要有追求，要有奮鬥，但也不要把自己置身於「高處不勝寒」的境地，須知到這時可是犯不得一點差錯的，一失足便成千古恨了。

犯錯誤是難免的，自責、追悔、自怨自艾都沒有用，如若不能亡羊補牢，及時更改，就要坦然面對，家長要讓孩子記住一句話：「丟了什麼也不能丟了心情。」不要拿自己的錯誤懲罰自己，不要剝奪自己作爲人的平凡的快樂！

（二）不要拿自己的錯誤懲罰別人。

教育孩子生活要坦然面對和承擔錯誤。其實，這樣淺顯的道理誰都明白，但知易行難，有的孩子會爲自己的過錯感到痛悔，而有的孩子卻從不情願爲自己的過錯承擔責任。

拿自己的錯誤去懲罰別人，爲自己的過失尋找「替罪羊」，是對生活不負責任的一種表現。紙永遠包不住火，假的永遠眞不了，到頭來，眞相大白於天下的時候，不但自己要受到人們的恥笑，而且那些無辜地被懲罰的「替罪羊」，更是會成爲自己心中抹不去的愧疚。

這就是搬起石頭砸自己的腳，最終受罪的還是自己。如果總是「拿自己的錯誤懲罰別人」，生活豈能不累？當然，這也不是一種很容易達到的境界，它需要「胸藏萬匯憑吞吐」的大器量。家長要教育孩子，不要爲錯誤而自怨自艾，也不能逃避責任，否則於良心上，無論如何也不會安寧，人生又豈能快樂？

（三）不要拿別人的錯誤懲罰自己。

告訴孩子要寬容大度，原諒別人就是善待自己的生活。「拿別人的錯誤懲罰自己」的行爲最典型的表現就是對別人生氣、發火。

人是一種有感情、有情緒的動物，永遠不生氣是不可能的。在這個世界上，若要找一個從未生過氣的人一定找不到，可若要找一個經常爲小事生氣的人卻到處都有。

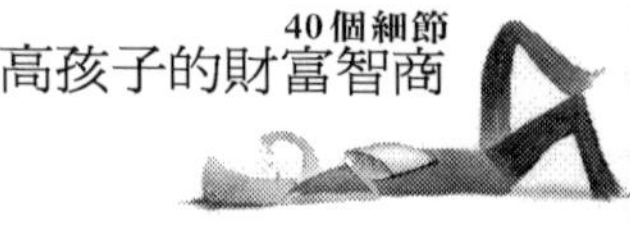

家長應該告訴孩子，錯誤人人都會犯，給別人指出錯誤或是反對別人的意見，也沒有不對，但又何必非要選擇憤怒的態度呢？難道不可以心平氣和地講道理嗎？不可以面帶微笑地生活嗎？

浮躁的人常爲一點點小事而生氣，其實生氣是一個人對自己施加的一種酷刑，這種酷刑使自己越來越快地衰老，嚴重地損害健康。《黃帝內經》中已經明言相告：「怒傷肝。」一位美國科學家發現，把人呼出的氣體注入到一種液體，平靜時液體無明顯變化，傷心時則會產生白色沉澱，而生氣時液體會變得渾濁不清。一個人如果生氣五分鐘，不亞於兩公里長跑所消耗的體能。

追求幸福，是每個人的人生目標之一，但如何能感受到幸福，又一直讓很多人感到迷惘和困惑。其實，幸福生活就在這三個秘訣裏。家長教育孩子好好體味其中的深意，認眞按照秘訣去做，孩子一定會有一個幸福的人生，因爲，他們現在已經站在了幸福生活的門前！

教育名言

最明智的父母之愛，在於我們做父母的，要善於在孩子面前揭示他們親眼看見的、親身感受的幸福生活的真正源泉。

國家圖書館出版品預行編目資料

我的成長我做主：40 個細節，提高孩子的財富智商 / 周增文著. -- 初版. -- 新北市：華夏出版有限公司, 2023.05
面； 公分. --（人格教養；08）
ISBN 978-626-7134-99-3（平裝）
1.CST：親職教育 2.CST：子女教育
3.CST：人格教育

528.2 112001074

人格教養 008
我的成長我做主：40 個細節，提高孩子的財富智商

著　　作　周增文
印　　刷　百通科技股份有限公司
電話：02-86926066 傳真：02-86926016
出 版 者　華夏出版有限公司
220 新北市板橋區縣民大道 3 段 93 巷 30 弄 25 號 1 樓
電話：02-32343788 傳真：02-22234544
E-mail：pftwsdom@ms7.hinet.net
總 經 銷　貿騰發賣股份有限公司
新北市 235 中和區立德街 136 號 6 樓
電話：02-82275988 傳真：02-82275989
網址：www.namode.com
版　　次　2023 年 5 月初版—刷
特　　價　新台幣 280 元（缺頁或破損的書，請寄回更換）

ISBN-13： 978-626-7134-99-3